Adolf Haslinger

PETER HANDKE

Jugend eines Schriftstellers

Residenz Verlag

Satz: Fotosatz Rizner, Salzburg
Printed in Austria by Welsermühl, Wels
ISBN 3-7017-0783-9

»Naturlich ist es ein bißchen unbestimmt, was da über jemand Bestimmten geschrieben steht ...«
(»Wunschloses Unglück«)

Um die Mitte des Zweiten Weltkriegs bestand die alte Marktgemeinde Griffen im grenznahen Unterkärnten aus etlichen hundert Häusern und zählte 4.107 Einwohner. Über dreißig winzige Ortschaften, manche nur Haufenweiler aus wenigen Wohnhäusern, Scheunen und Stallgebäuden, waren im Laufe der Geschichte zur Gesamtgemeinde zusammengewachsen.
Eine dieser Ortschaften heißt Altenmarkt. Ihre Häuser säumen bis heute einen schmalen Weg, der schräg über den steilen Südhang ansteigt, hinauf auf den Griffener Schloßberg. Bildstöcke standen und stehen immer noch an Wegkreuzungen oder Weggabelungen, Bildstöcke mit freundlichen Heiligenbildern in kräftigen Bauernfarben.
Am 6. Dezember 1942, um 18 Uhr 45, wurde hier im Hause seines Großvaters, Altenmarkt Nummer 25, Peter Handke geboren.
Den Tag darauf erfolgte die Eintragung ins Geburtenregister des Standesamtes Griffen, Kreis Völkermarkt. Als Mutter des Knaben wurde Maria Handke, geborene Siutz, protokolliert; seit 26. November 1942 Ehefrau des Unteroffiziers Adolf Bruno Handke aus Brandenburg, Havel, zur Zeit bei der Wehrmacht; die Hebamme Anna Menne erklärte mündlich, »bei der Geburt zugegen gewesen zu sein«.
Hausentbindungen waren damals in Unterkärnten ortsüblich, und zwar in jeder sozialen Schicht. Anna Patzelt-Menne, heute Pensionistin in ihrem Heimatort Griffen,

Nr. 65 **B**

Griffen, den 7. Dezember 1942

Die Maria Handke geborene Siutz

katholisch,

wohnhaft in Altenmarkt 25,

Ehefrau des Unteroffiziers Adolf Bruno Handke

katholisch,

wohnhaft in Brandenburg/Havel zur Zeit bei der Wehrmacht,

hat am 6. Dezember 1942 um 6 Uhr 45 Minuten

zu Altenmarkt 25

einen Knaben geboren. Das Kind hat den Vornamen erhalten:

Peter

Eingetragen auf mündliche — ~~schriftliche~~ — Anzeige der Hebamme Anna Menne

Die Anzeigende ist bekannt. Sie erklärt, bei der Geburt zugegen gewesen zu sein.

Vorgelesen, genehmigt und unterschrieben

Anna Menne

Der Standesbeamte

Bauer

1. Eheschließung der Eltern bzw. ~~Geburt der Mutter~~ (bei unehelichen Kindern) am 4. 11. 1942 in Griffen (Standesamt Griffen Nr. 19/42).
2. Eheschließung des Kindes am ______ in ______ (Standesamt ______ Nr. ______).
3. Tod des Kindes am ______ in ______ (Standesamt ______ Nr. ______).

Geburtsurkunde

schrieb ein Erinnerungsbuch an ihre Hebammenlaufbahn. Im Kapitel »Eine Geburt mit ungeahnten Folgen« berichtet sie kaum Einzelheiten der Geburt Handkes, beschreibt aber genau das Geburtshaus, das Ende der fünfziger Jahre abgerissen wurde, um einem charakterlosen Neubau Platz zu machen: »So hatte das Haus zwei Zugänge. Der eine, obere Eingang war von der Seite her, von dem man ebenerdig in die Räume trat. Von der unteren, der Südseite, kam man auf einer steilen Holzstiege in die niedrige, dürftige Stube, wo ich die junge Frau schon im Wehenschmerz antraf.«[1]

Die Landhebamme Anna Menne konnte zu jener Zeit nicht ahnen, daß mit dieser gewöhnlichen Geburt eines Kärntner Kleinhäuslersohns ein ungewöhnliches Künstlerleben begonnen hatte. Zwei Tage darauf, wie in der Gegend üblich, wurde das Kind in der Stiftskirche Griffen katholisch auf den Namen Peter getauft. Die Stelle des Taufpaten Gregor Siutz, der Soldat im Krieg war, vertrat dessen Schwester Ursula, die Tante des Täuflings. Fortan verlief alles noch unauffällig; erste betulich verspielte Lebensjahre dörflicher Kindheit. Außergewöhnliches brachte zunächst nicht einmal der Weltkrieg einem Kleinkind mitten in Griffen. Die Kinderfotos aus der Familie sind, nach Motiv und Ausführung, erwartungsgemäß unauffällig: Mit vier Monaten bäuchlings auf einer weichen Steppdecke in der Wiese, im Hintergrund rechts das Geburtshaus in seiner ursprünglichen Form; mit sechs Monaten im Kinderwagen oder mit einem Jahr stehend, aber wohl gestützt von der Mutter, im Haustor des Elternhauses. Allerdings entstammt Handkes erste Kindheitserinnerung nicht einer Kindheitsidylle, sie ist vielmehr ein körperhaftes Angstgefühl: »Das erste, an was ich mich erinnere, ist der Schrei, den ich ausstieß, als man mich in

Geburtshaus

einem Waschbecken badete und als plötzlich der Stöpsel herausgezogen wurde und das Wasser unter mir weggurgelte.«[2]

1944 fuhr Maria Handke rasch entschlossen mit ihrem Sohn Peter nach Berlin zu den Eltern ihres Ehemannes, weil sie das unklare Gefühl hatte, dort hinzugehören, oder weil sie als junge Frau der dörflichen Enge Griffens entgehen wollte. »Man duldete sie. Die ersten Bomben fielen schon, sie fuhr zurück, eine Allerweltsgeschichte ...«[3]

Selbst im entlegenen Unterkärnten begann man im letzten Kriegsjahr die Kriegsfolgen zu spüren: »... die Sirenen des Ernstfalls, auch schon auf dem Land, das Gerenne der Bevölkerung zu den als Luftschutzbunker vorgesehenen Felsenhöhlen, der erste Bombentrichter im Dorf, später Spielplatz und Abfallgrube ...«[4]

Die allgemeine Kriegsangst in dieser gemischtsprachigen Gegend steigerte sich noch, als viele Slowenen in KZs verschleppt wurden. Später durchstreiften immer mehr Verbände der Tito-Partisanen die Umgebung und lieferten Gendarmen und Soldaten einzelne Scharmützel. In dieser Zeit fielen auch Bomben, auch in Handkes Geburtsort Altenmarkt.[5]

Kurz vor Kriegsende wurde Maria Handke im Hause ihres Vaters wieder aufgenommen; die Alltage des Zusammenlebens waren freudlos geworden, zwei Brüder inzwischen im Krieg gefallen: der älteste, Gregor, und der jüngste, Johannes.

Immer wieder war es die eigene Familie, in die Handkes Mutter schutzsuchend heimkehrte. Für Peters Entwicklung und künstlerische Erfahrung ist, von Kind an, die Familie der formende Lebensraum gewesen, und zwar die engere Handke-Familie ebenso wie die umfassendere Siutz-Sippe. (Der Familienname »Siutz« steht in älte-

März 1943

März 1943, mit der Mutter

ren Dokumenten noch in der slowenischen Form »Siveč«.)
Der Verwandte, der alle anderen respektgebietend überragte, war und blieb für Peter Handke sein Großvater mütterlicherseits, Gregor Siutz, der am 11. März 1886 in Altenmarkt Nr. 25 geboren wurde und am 5. Jänner 1975, fast neunzigjährig, dort starb. Dessen Mutter Maria Siutz, verwitwete Prival, stammt aus St. Michael, Unternberg; der Großvater war ein uneheliches Kind. Von seiner slowenischen Abstammung sprach er zeit seines Lebens selbstbewußt, eigentlich stolz. Der Enkel nannte ihn »Ote«, wie er in Familie und Dorf hieß, »Ote« von slowenisch »oče«, Großvater. Dieser Herkunft fühlt sich Peter Handke bewußt zugehörig: »Ich stamme selber aus dem ländlichen Südkärnten, und meine Mutter wie mein Großvater waren Slowenen.«[6]
Am 27. Jänner 1913, einem frostig-klaren Wintertag, hatte der siebenundzwanzigjährige Kleinbauer Gregor Siutz in der Kirche des nahe gelegenen Stiftes Griffen die ein Jahr jüngere Ursula Karnaus geheiratet. Im Hause Altenmarkt Nr. 25 gebar sie ihm fünf Kinder: am 21. November 1913 Gregor, am 13. Oktober 1915 Ursula, am 3. Mai 1918 Georg, am 8. Oktober 1920 Maria, Handkes Mutter, und am 27. Dezember 1922 Johannes.
Die Menschen dieser Gegend nannten einander, wie im ländlichen Raum ganz Österreichs, nicht bei den Familiennamen, sondern bei den alten Hausnamen. Diese stehen als Vulgo-Benennungen sogar amtlich in den Verzeichnissen des Heimatrechts: etwa Gregor Siutz »Landwirt vulgo Wunder«; Handkes Mutter Maria heißt im Griffener Sprachgebrauch heute noch »Wunder Mizzi«.
Die Landwirtschaft des Großvaters betrieben vorwiegend seine Frau und die Kinder. Er selbst ging, das Jahr über,

in der näheren Umgebung dem erlernten Zimmermannshandwerk nach; heute würde man ihn einen »Nebenerwerbsbauern« nennen. Im Winter schnitt er Schilf am Rande des Griffener Sees und fuhr es in sperrigen Bündeln heim; man benötigte dieses Material bei Stukkaturen. Diese bäuerlichen Arbeiten samt ihren im Jahreskreis immer gleichen Handgriffen prägen die bildkräftigen Kindheitserinnerungen Peter Handkes: »Ich denke an den Feldweg in der Sommermorgen-Dämmerung, wo ich mit dem Großvater an den sogenannten Griffener See zum Viehfutterschneiden ging.«[7]

Ähnlich detailbeschwörend gestaltet der Erzähler des »Hornissen«-Romans die Karrenfahrt des »Vaters« vom höher gelegenen Haus in Altenmarkt zum Griffener See hinunter, das Hasch-Sicheln vom Ruderboot aus oder den mühsamen Transportweg der Sumpfgrasfuhre nach Hause zurück. Unvergessen findet sich die händische Bauernarbeit des Großvaters im literarischen Werk des Enkels wieder; besonders farbig darin manche Eigenheit des Lokalkolorits und des dortigen Dorflebens: Das slowenische »Hasch« für Sumpfgras, zum Beispiel, gebrauchten die deutschsprechenden Dörfler ebenso; es gab nämlich gar kein deutsches Wort dafür. Solche sprachlichen »Grenzüberschreitungen« innerhalb des Dorfes waren leicht möglich, weil die Mehrheit der Griffener wohl bevorzugt Deutsch sprach, alle aber Slowenisch verstanden.

Der nahe gelegene Schilfteich gehört immer noch zu Handkes Lieblingsspaziergängen, wie die Griffener zu berichten wissen. Leider zerschneidet inzwischen der hohe Trassenwall der Autobahn von Klagenfurt nach Graz die »Einheit von Ort und See« und zerstört diese idyllische Naturlandschaft. Peter Handke wollte mit einem offenen Brief an den damaligen Verkehrsminister den »See seiner Kindheit« retten; eine jener wenigen Aktionen, in denen er als Schriftsteller in die Tagespolitik einzugreifen versuchte.

Handke hat als Autor viel aus seiner eigenen Erfahrungswelt erkennbar in sein Werk verwoben. Wer seine engere Kärntner Heimat, den Markt Griffen, kennt, einmal selbst zum Schilfteich gewandert ist, diese besondere Landschaftsform, Schloßberg oben, Markt unten in der Talmulde, erlebt, das Stift, seine zwei Kirchen und den von einer mannshohen Wehrmauer umschlossenen Friedhof besucht hat, vor dem unter alten Kastanienbäumen drei Wege ineinander münden, wird manches Werk Handkes mit offeneren Augen lesen. Gerade für seine Art zu schreiben sind Ortskenntnis und Landschaftsgefühl von augenfälliger Wichtigkeit, wie »Die Hornissen« (1966) und »Die Wiederholung« (1986) zeigen.

Aber nicht nur der engere Heimatort Griffen und die weite Ebene des Jauntals setzen Zeichen und hinterlassen Spuren in Handkes Texten, er erzählt immer wieder, auf jeweils neue Weise, von seiner Familie. Dabei verwandelt er sein faktisches Herkunftsmuster in ein fiktives Familienmodell, auffällig beherrscht von einer Vaterfigur.

Im auch dokumentarisch bedeutsamen »Wunschlosen Unglück« (1972) entsprechen Handkes leiblicher Vater, sein Stiefvater und sein Großvater der historischen Wahrheit. In seinen erzählerischen Fiktionen hingegen verdrängt die Figur des geliebten »Ote« jene der zwei anderen Väter.

Natürlich tauscht Handke nicht einfach literarische Porträts aus, er thematisiert einzelne Charakterzüge des Großvaters, die ihn als Kind besonders beeindruckt haben. In einem Brief formuliert der neunzehnjährige Enkel sein »Lob des Ote«: »Vor ein paar Tagen kam auch ein Brief von Ote, der mich sehr gerührt hat. Ein Mensch, groß in seiner Einfalt, groß in seiner Stärke, groß in seiner Schwäche, mit den natürlichen, ursprünglichen Regungen eines Bauern, der nichts gelten läßt, es sei denn, Frömmigkeit, körperlichen Schmerz und Mühsal, gesehen mit den trüben und doch so großartigen Augen einer einfachen Seele, deren Vorgänge zugleich mannigfaltiger und komplexer sind als die unsrigen, in der alles Zorn ist, was bei uns Wut, Nervosität, Unbehagen, Antipathie, usw. ist; in der alles Freude ist, was bei uns Wohlbefinden, Ruhe der Nerven, Belustigtsein oder einfach Nichtvorhandensein von Schmerz – so haben überhaupt alle ursprünglichen Menschen uns voraus, daß ihre Empfindungen, Wahrnehmungen und Gefühle großräumiger und komplexer sind als die unsrigen, und deshalb umfassender.«[8]

Der schreibende Enkel ersetzt jedoch nicht nur die ihm unzulänglich scheinenden Vaterfiguren durch den Großvater, er verschiebt genealogisch auch die Brüder seiner Mutter zu eigenen Brüdern, denn meist steht der fiktive Erzähler anstelle des Autors im familiären Bezugssystem. Damit übernimmt Handke Formen der Familie seiner Mutter als Grundkonstellationen der eigenen Generation. Respektablen Rang verleiht er dabei seinem 1942 auf der Krim gefallenen Onkel Gregor, der wegen seiner »schönen« Feldpostbriefe zum Vorbild des »schreibenden Vorfahren« stilisiert wird.

»Bald nach Kriegsende fiel meiner Mutter der Ehemann ein, und obwohl niemand nach ihr verlangt hatte, fuhr sie wieder nach Berlin. Auch der Mann hatte vergessen, daß er einmal, in einer Wette, auf sie aus gewesen war, und lebte mit einer Freundin zusammen; damals war ja Krieg

Tante Ursula, Großvater (»Ote«), Großmutter, Mutter, P. H., 1943

gewesen. Aber sie hatte das Kind mitgebracht, und lustlos befolgten beide das Pflichtprinzip.«[9]

Die wieder vereinte Familie hauste in einem großen Untermietzimmer in Berlin-Pankow, im sowjetischen Sektor, im Nordosten der zerbombten und zerschossenen Stadt. Man lebte die Tage in bescheidenen Nachkriegsverhältnissen. Am 7. August 1947 wurde Peters Halbschwester Monika geboren. Ein Familienbild, ein Jahr darauf, aus dem Mai 1948 in einem Berliner Atelier, zeigt die Familie »traut« vereint, die Zuordnung der Kinder scheint nicht zufällig: Peter bei der Mutter, Monika beim Vater. Die familiären Zustände, der mehrmalige Berufswechsel des Mannes und die äußeren Lebensbedingungen der vierköpfigen Handke-Familie müssen mittlerweile so unerträglich geworden sein, daß die Eltern beschlossen, nach Österreich zurückzukehren; Österreich hieß in diesem Falle natürlich Griffen. Es ist mit Sicherheit anzunehmen, daß die treibende Kraft für diesen Ortswechsel Maria Handke war.

Damals wurde die politische Situation in Berlin immer unheimlicher. Die gemeinsame Verwaltung der vier Militärbefehlshaber war seit 1947 zusehends problematischer geworden. Seit der Währungsreform 1948 und dem Auszug der Sowjets aus dem »Alliierten Kontrollrat« verschärften sich die Zustände rasch. Am 24. Juni 1948 verhängten die Sowjets eine totale Blockade der Westsektoren.

Kurz vorher »verließ meine Mutter mit dem Ehemann und den zwei Kindern, das knapp einjährige Mädchen in einer Einkaufstasche, ohne Papiere den Ostsektor. Sie überquerten heimlich, jeweils im Morgengrauen, zwei Grenzen, einmal ein Haltruf eines russischen Grenzsoldaten und als Losungswort die slowenische Antwort

P. H., Mutter, Monika, Stiefvater, Mai 1948

der Mutter, für das Kind ab damals eine Dreiheit von Morgendämmerung, Flüstern und Gefahr, eine fröhliche Aufregung auf der Eisenbahnfahrt durch Österreich, und wieder wohnte sie in ihrem Geburtshaus, wo man ihr und ihrer Familie in zwei kleinen Kammern Quartier einräumte. Der Ehemann wurde als erster Arbeiter beim Zimmermeisterbruder eingestellt, sie selber wieder ein Teil der früheren Hausgemeinschaft.«[10]

Es klingt so problemlos, selbst in den schönen, genauen Sätzen des »Wunschlosen Unglücks«, wie der Sechsjährige aus der Welt der deutschen Großstadt in die Welt des südösterreichischen Grenzdorfes übersiedelt. Solche Erlebnisse Peter Handkes, die ihren Ursprung in einer derartigen Umstürzung seiner Kindheitswelt haben, bestimmen seine Biographie. Deutlich führt er selbst seine »Doppelgänger-Vorstellung« auf dieses Kindheitsereignis zurück: »Ich glaube, die ist gekommen, nachdem ich mit meinen Eltern aus Ostberlin zurück nach Kärnten zum Teil geflüchtet, zum Teil gereist war, 1948, seitdem ich die doch bestimmende Kindheitslandschaft, die die Großstadt gewesen war, verlassen habe. – Auf dem Land, muß ich sagen, ist sie aufgetaucht, diese Doppelgänger-Vorstellung, in diesem bäuerlichen katholischen, damals noch hauptsächlich slowenischen Südkärnten. Vielleicht, obwohl das keine Lösung oder Erklärung ist, hat es dann zu tun mit dem Verlassen eines Lebensbereiches und dem Verpflanztwerden in einen anderen ...«[11]

Der schlagartige Wandel seiner Welt mußte bei einem so bilderaufmerksamen und bilderabhängigen Sechsjährigen innere Erlebnisse hervorrufen, die stark in sein späteres Leben hinein wirkten und dort manches Phänomen begreifen helfen.

Daß dieser Lebens-Einschnitt eine schmerzliche Erfahrung für den Knaben Handke bleibt, beweist schon das Faktum, daß ihm die erste Begegnung mit dem Nachbarjungen als Szene zum Initialanstoß seines kindlichen Schreibens wird. Genau hier und genau damit beginnt der Zwölfjährige im Internat, seine »Vergangenheit« aufzuarbeiten. Kleinigkeiten gewinnen Bedeutsamkeit und Gewicht, wenn man solche scheinbar »zufälligen« Zusammenhänge aufdeckt. Am Anfang allen Schreibens steht nämlich bei Handke thematisch die Übersiedlung von Berlin nach Griffen. Es scheint im Kontext nicht wichtig, wie er damals schrieb, wohl aber belangvoll, was er damals schrieb und aufzeichnete; es geht eben um eine Kindheitsblessur.

Der Grenzübertritt von Deutschland nach Österreich als einmaliges Erlebnis des jungen Handke wird im Gedicht »Die neuen Erfahrungen« zu Literatur: »1948/ an der bayrisch-österreichischen Grenze/ im Ort Bayrisch-Gmain/ ›in einem Haus mit welcher Nummer?‹/ sah ich/ auf einem Bettgestell/ unter einem Leintuch/ hinter Blumen/ zum ersten Mal/ einen Menschen/ der tot war.« Sprachlich verdichtet Handke dieses Erlebnis zur ersten Begegnung des Sechsjährigen mit einem Toten. Er steigert diese Todesbegegnung im gleichen Gedicht zur ersten Todesangst des Zehnjährigen beim Begräbnis der Großmutter Ursula Siutz: »1952/ im Sommer/ als ich/ (vom Leichenschmaus zum Andenken an die gerade beerdigte Großmutter nach Hause geschickt, um einem Trauergast die vergessenen Zigaretten zu holen) / den leeren/ stillen/ Raum/ betrat/ in dem die Tote/ drei Tage lang/ aufgebahrt war/ und/ in dem stillen / leeren/ Raum/ nichts erblickte/ als eine kleine schmutzige Lache/ aus einer Vase/ auf dem Fußboden/ hatte ich/ zum ersten Mal/ im Leben/ Angst/ vor dem Tod/ und nur weil man sagte/ daß es einem in der Todesangst/ kalt über den Rücken rinnt/ konnte ich mich/ indem ich mir/ zum Schutz/ die Worte die man sagte vorhielt/ der Todesangst/ noch einmal/ erwehren.«[12]

Nahe an das vielschichtige Erlebnis jenes heimlich-unheimlichen Grenzübertritts 1948 dürfte ein autobiographischer Text heranreichen, den Handke neun Jahre später schrieb. Am 15. Oktober 1957 hatten die Schüler der 5c in Tanzenberg ihre erste Deutschschularbeit. Handke wählte an diesem Tag nicht das literarische Eichendorff-Thema zum »Taugenichts«, sondern den sogenannten Erlebnisaufsatz: »Ein Vorfall, der mich tief beeindruckte«. Das Original dieses Schulaufsatzes lautet auszugsweise so: »Als ich noch nicht hier in Österreich wohnte, sondern in Ostdeutschland, beschlossen meine Eltern, aus dem Land, in dem der Kommunismus herrschte, heimlich auszuwandern. Nach vielerlei mit Glück überstandenen Gefahren, gelangten wir an die Grenze zwischen Deutschland und Österreich. Wir wollten den Grenzstrich illegal überschreiten, weil wir keinen Paß hatten, denn in Ostdeutschland wurden keine ausgegeben. Vorher wollte mein Vater die Bewohner eines Hauses des Grenzgebietes um Hilfe bitten, damit uns diese den Weg über die Grenze zeigten. Als wir in das Haus traten, erblickten wir zunächst nur eine weinende, schwarz gekleidete Frau, die seufzend auf eine große Schar noch zum Teil ganz kleiner Kinder hinuntersah. Als ich genauer um mich blickte, lag da ein noch nicht alter Mann mit wachsbleichem Gesicht auf der Totenbahre. Als wir den Toten erblickten, wollte mein Vater sofort umkehren und zum nächsten Haus wandern. Doch die arme Frau, die unser Elend sah – wir hatten mein erst ein Jahr altes Schwesterchen in einem großen Rucksack mit – kam sie sogleich näher und lud uns von sich aus ein, bei ihr zu bleiben, obwohl ihr eigenes Elend so augenscheinlich war. Als sie hörte, daß wir als Flüchtlinge nach Österreich wollten, kochte sie uns sogleich einen warmen Kaffee und bewirtete uns mit dem Kuchen, der für das Totenmahl bestimmt war. Dann lief sie sogleich zu einem Frächter, der zwischen jenem Dorf und Salzburg fuhr, und bat ihn, uns auf seinem Lastwagen verborgen nach dem sicheren Österreich zu bringen. Nach langem Hin und Her hatte sie ihn dazu überredet ...«

Durch solche Abenteuer kam also die Familie Handke 1948 nach Griffen zurück. Der Sechsjährige brauchte eine Weile, um sich beim Spiel mit gleichaltrigen Nachbarskindern im Dorf einzuleben, denn er sprach »berlinerisch« und hatte anfangs Mühe, den Kärntner Dialekt zu verstehen. Grundsätzlich ist Peter Handke kein Mundartsprecher; der kärntnerische Tonfall klingt bei ihm äußerst selten, und wenn, nur ironisch durch, er spricht meist ein dialektfreies Deutsch.

In hier möglicher autobiographischer Lesart heißt es vom Vater im Roman »Die Wiederholung«: »Sonst aber sprach er, wenn er nicht überhaupt stumm blieb, nur deutsch, ein Deutsch ohne den geringsten Dialektanklang, das sich auf die ganze Familie übertrug, und für das ich später, wo immer im Land, zur Rede gestellt wurde, als handle es sich um eine verbotene Fremdsprache. (Mir freilich ist dieses fremdelnde, ernste, mühsam ein jedes Wort bedenkende und in ein Bild verwandelnde Deutsch-Sprechen des Vaters im Ohr als die klarste, reinste, am wenigsten verballhornte und am meisten menschenähnliche Stimme, die ich zeitlebens in Österreich gehört habe.)«[13]

Der entscheidende Lebensabschnitt seiner Kindheit ist also geprägt vom Ortswechsel zwischen gegensätzlichen

Lebensformen mit veränderten Nahpersonen. Sicherheit konnte dem Kind wohl nur die bleibende Nähe der Mutter geben, sie war der unverrückbar dauernde Halt in diesen wechselnden Bezugssystemen. Die Erlebnisse in Berlin und Griffen, der deutschen Großstadt und dem österreichischen Dorf, waren für das sensible Kind schwierig aufzuarbeiten und seelisch zu verkraften. Handke selbst spricht von der als Kleinkind erfahrenen Kriegsangst, die er, »als die Bomben entweder auf Südkärnten oder auf Berlin gefallen sind, noch lange als Trauma herumgeschleppt« habe (Gespräch mit Renate Poßarnig). Wiederkommende Angstbilder und Schreckenssituationen bis in spätere Lebensphasen Handkes hinein dürften in der Kriegszeit ihre tiefsten Wurzeln haben: »Da habe ich schon diesen Eindruck mitgekriegt von Großstadt – es war schon beängstigend damals, die Endkriegszeit und dann die Nachkriegszeit, das hat ziemlich bestimmend gewirkt auf mich ...«,[14] erinnert er sich im Gespräch mit Franz Hohler.

Zu dieser allgemeinen Kriegsangst kommt bei Handke noch ein sehr persönliches, aus dem Familienleben stammendes Angstgefühl: »Es muß so eine Art Urschock gegeben haben. Manchmal meine ich, es waren Angstzustände als Kind, wenn die Eltern nicht zu Hause waren und dann zurückkamen und sich schreiend im Zimmer prügelten und ich mich unter der Decke versteckte.«[15]

Literarisch verarbeitet taucht diese Erinnerung des Autors im »Wunschlosen Unglück« wieder auf: »Im Winter die Arbeitslosenunterstützung für das Baugewerbe, die der Mann fürs Trinken ausgab. Von Gasthaus zu Gasthaus, um ihn zu suchen; schadenfroh zeigte er ihr dann den Rest. Schläge, unter denen sie wegtauchte; sie redete nicht mehr mit ihm, stieß so die Kinder ab, die sich in der

Stille ängstigten und an den zerknirschten Vater hängten. Hexe! Die Kinder schauten feindselig, weil sie so unversöhnlich war. Sie schliefen mit klopfendem Herzen, wenn die Eltern ausgegangen waren, verkrochen sich unter die Decke, sobald gegen Morgen der Mann die Frau durch das Zimmer stieß. Sie blieb immer wieder stehen, trat einen Schritt vor, wurde kurzerhand weitergestoßen, beide in verbissener Stummheit, bis sie endlich den Mund aufmachte und ihm den Gefallen tat: ›Du Vieh! Du Vieh!‹, worauf er sie dann richtig schlagen konnte, worauf sie ihn nach jedem Schlag kurz auslachte.«[16]

Bilder der Kriegsangst gestaltet Handke auch im Roman »Die Hornissen« (1966). Schon durchs Titelbild der bedrohlichen Insekten (Hornissen) dröhnt das Kriegerische (Bomber) durch. Auch das Anfangserlebnis des Erzählers im »Kurzen Brief zum langen Abschied« (1972) ist ein solches Kindheitstrauma, eng verbunden mit Bombenangriffen und Krieg: »Soweit ich mich zurückerinnern kann, bin ich wie geboren für Entsetzen und Erschrecken gewesen. Holzscheite lagen weit verstreut, still von der Sonne beschienen, draußen im Hof, nachdem ich vor den amerikanischen Bombern ins Haus getragen worden war. Blutstropfen leuchteten an den seitlichen Haustorstufen, wo an den Wochenenden die Hasen geschlachtet wurden.«[17] Alte Griffener erzählen, daß in der Gegend auch Bomben gefallen seien, und am Palmsonntag 1944 wurde ein englisches Flugzeug abgeschossen.

Man kann annehmen, daß sich der psychologische Erinnerungsdruck der dörflichen Vergangenheit auf Handke in manchen Lebenslagen verstärkte. Das geschah sicher 1971, nach dem Tod seiner Mutter, als er zuerst am »Kurzen Brief zum langen Abschied«, dann am »Wunschlosen Unglück« schrieb.

Ähnlich sind »Die Hornissen« nicht nur Roman, sondern eine Art von Autobiographie und ein wichtiges Zeitdokument für das dörfliche Leben der fünfziger Jahre in der österreichischen Provinz. Was Handke in diesem Roman erzählt, basiert auf handfesten Eindrücken von seiner Kindheit. Jenes Leben auf dem Lande in der monotonen Wiederkehr des täglich gleichen nimmt hier vielfältig Gestalt an. Die Arbeitsverrichtungen, der sonntägliche Kirchgang, die Meßfeier, das Schweineschlachten, das Schilfschneiden im nahen Teich, der nachmittägliche Sonntagsspaziergang bürgerlicher Familien, das Kartenspiel im Dorfwirtshaus, das Kino, die mehrmalige Ankunft des Omnibusses im Grenzdorf: all das bringt er mit Präzision und Eindringlichkeit in Sprache. Vorwiegend in der Form ritueller Vorgänge, zeremonieller Abläufe, vorgegebener offizieller und privater Sätze, von Redensarten und Redegewohnheiten. Diese rhythmische Bilderfolge vom Leben in einer zum Zeitpunkt der Aufschreibung schon archaischen Zeit. Denn zehn Jahre später hatte die private und berufliche Motorisierung diese alte Atmosphäre bereits zerstört. Das gestaltet Handke nicht in einem primär historisch gemeinten, dokumentarisch verstandenen, sondern magisch beschwörenden Buch. Handke recherchierte damals genau in seiner unmittelbaren Umgebung. Er ging zum Beispiel mehrmals zum Filmvorführer des Kinos, ließ sich die Funktion des Filmprojektors erklären und beobachtete den Mann. Er registrierte die Eigenart der Dörfler, ihre Handgriffe bei der Arbeit, die Vorgänge in der Stiftskirche ebenso wie im Schlachthaus. Und so kommt es, daß diese magischen Beschwörungssätze jene Atmosphäre von damals wieder hervorzaubern und eine zeitgeschichtliche Situation lebendig machen. Nirgendwo in der Gegenwartsliteratur wird die schläfrige Stimmung eines Dorfsonntags so sinnlich greif- und fühlbar wie in Handkes Romanpassagen oder begegnen einem die Bürgerfamilien beim Sonntagsspaziergang so unmittelbar. Diese Wirklichkeits-Beschwörung kann in der Form eines »Sprachspiels« erscheinen. Handke liebte damals schon das Futurum exactum: »Er wird diesen Omnibus versäumt haben. Bevor er zum Platz gekommen ist, wird er gesehen haben, wie er abfährt. Er wird gestanden sein und die Abfahrt des Wagens betrachtet haben. Er wird nicht gelaufen sein. Er wird nicht einmal die Abfahrt des Wagens betrachtet haben. Er wird mit gesenktem Kopf durch die Stadt gegangen sein, die Spitze des Schuhs als Verfolger des eigenen Schattens. Er kennt diese Stadt. Er ist oftmals dort gewesen. Er wird die Straßen der Stadt nicht vergessen haben. Er wird auch den Ausgang der Stadt nicht vergessen haben. Er geht durch die Stadt, ohne die Bewohner nach dem Wege zu fragen. Er wird stumm durch die Stadt gegangen sein, barhaupt, in der Hüfte den hüpfenden Seesack. Ist die Zeit noch nicht um gewesen, so wird er am Ausgang der Stadt oder schon weiter draußen, neben der Straße, den Arm auf den Milchstand gestützt, auf den Wagen gewartet haben. Er kennt von früher den Fahrer des Wagens; er ist oft zwischen den Kannen zur Schule gefahren, unter sich, wenn die Beschreibung nicht lügt, als Polster die Tasche. Da dies lang her ist, wird ihn der Fahrer wohl nicht mehr erkannt haben; trotzdem wird er gehalten haben, um die Kannen vom Stand auf den Wagen zu heben. Der Gehilfe des Fahrers wird dem Fahrer behilflich gewesen sein; der Mann mit dem Seesack wird den beiden bei ihrer Arbeit zugeschaut haben. Der Gehilfe ist dem Manne unbekannt, auch dem Gehilfen ist der Mann nicht bekannt, der, den Fuß auf der untersten Leiste des Milchstands, stumm ihnen zuschaut, wie sie die Kannen, in denen manchmal die Milch klatscht, schräg auf die Ränder gestellt, oben über die Brücke des Wagens rollen. Der Fahrer wird die hintere Bordwand wieder versperrt haben; zugleich wird der Gehilfe des Fahrers die leeren Kannen von der Straße über das Knie auf den Stand geschwungen haben; hinter dem unsteten Wandern seiner Blicke wird indessen der Mann mit dem Seesack immer noch stumm geblieben sein.«[18]

Die herrschenden Mächte im Heimatdorf waren die Kirche (Stift Griffen) und adelige Grundbesitzer; Handkes Familie gehörte nicht zu ihnen. Zu ihrem damaligen Denken gehörte aber sicher das bewußte Ziel, durch strenge beharrliche Arbeit Besitz zu erwerben und damit mehr persönliche Freiheit zu erringen. Handke selbst nennt sich gerne »Kleinhäuslersohn«. Sein Großvater Gregor Siutz hat sich als Besitzender bestimmt der Bevölkerungsschicht der Bauern (vulgo »Wunder«) oder Handwerker (Zimmermann) zugehörig gefühlt. Für Peter Handke, den Heranwachsenden, verschob sich allerdings die Blickrichtung. Durch den Stiefvater, Bruno Handke, der bei seinem Schwager Georg Siutz, dem geschäftlich erfolgreichen Unternehmer, angestellt war, stand Handke in seinem Denken eher auf der Seite der Lohnabhängigen, denn das war der von ihm, zumindest als Kind, übernommene soziale Blickwinkel der engeren Familie.

Im Jahr 1948 wartete der Sechsjährige ungeduldig auf seinen Schuleintritt. Ältere Nachbarskinder beneidete er, weil sie schon zur Schule gehen durften. Seine Mutter mußte ihm bereits vorher, auf sein Drängen, das Lesen beibringen. Endlich aber war es soweit; der erste Schultag, der 13. September 1948, kam, und seine Mutter begleitete ihn zur Volksschule und übergab ihn der Lehrerin.

Wie sollen wir uns den Schulanfänger vorstellen? Jedenfalls ähnlich dem Foto des Fünfjährigen, noch aus einem Atelier in Berlin, auf dem das frische Gesicht auffällt, mit dem klaren, für diese Jugend auffällig festen Blick. Die Kleidung kärntnerisch ortsüblich: der handgestrickte Wolljanker mit Hirschhornknöpfen, die Lederhose mit Hosenlatz. Etwas verlegen umgreift die rechte Hand einen Ball und drückt ihn gegen die Hüfte.

Peter Handke besuchte vom 13. September 1948 bis zum 12. Juli 1952 die ersten vier Klassen der sechsklassigen Volksschule in Griffen, Schulbezirk Völkermarkt, vom 14. September 1952 bis zum 10. Juli 1954 die erste und zweite Klasse der »Öffentlichen Hauptschule für Knaben und Mädchen« im Markt Griffen. In den Schulzeugnissen stehen ausschließlich sehr gute und gute Schulnoten; nur irgendwann ein einziges »befriedigend« in »Handarbeiten«.

Das Fach »Slowenische Unterrichtssprache« hatte er durch sechs Jahre Pflichtschule hindurch besucht: »Ich habe in der Schule ungern, weil gezwungen, die slowenische Sprache gelernt und bald wieder vergessen.«[19] Das sind Handkes Worte in der Petrarca-Preis-Rede 1984 auf seinen slowenisch dichtenden Freund Gustav Januš.

Dazu einige Fakten aus der Heimatkunde: »Die Landbevölkerung der Gemeinde Griffen bestand mehrheitlich aus Slowenen, im Hauptort Griffen wurde vorwiegend Deutsch gesprochen – doch verstand man im allgemeinen in beiden Volksgruppen auch die jeweils andere Sprache. Nach dem Ersten Weltkrieg wurde das gemischtsprachige Gebiet zwei Jahre lang von den Südslawen annektiert, die es wieder abgeben mußten, nachdem eine Volksabstimmung am 10. Oktober 1920 für Österreich positiv ausfiel.«[20]

Als der Hauptschüler Handke eines Tages erfuhr, daß ein Bub aus Griffen im bischöflichen Seminar Tanzenberg in Maria Saal studiere, erkundigte er sich beim Pfarrer im Stift, wie man dorthin kommen könne. Dieser verhalf ihm zu den Formularen, und seine Eltern versprachen, ihm das Studium zu finanzieren.

»Ich kann von niemandem sagen, er hätte mich in meiner Kindheit unterdrückt, ich kann niemandem vorwerfen, er hätte mir Unrecht getan, nicht einmal meinem Stiefvater. Ich hatte ganz und gar keine schöne oder idyllische Kindheit, ich hatte eine freie, karge, bedürftige, sehnsüchtige Kindheit, aber ich war eigentlich der, der von Anfang an gewußt hat, was sein Recht ist, und sich dieses Recht auch als Zehnjähriger schon herausgenommen und es durchgesetzt hat, aus irgendeinem seltsamen Größenwahn.«[21]

Am Morgen des 7. Juli 1954 schließlich fuhr der Zwölfjährige mit seiner Mutter zur Aufnahmsprüfung. Ein Professor riet ihm vom Plan ab, in die dritte Klasse zu gehen, weil er noch kein Wort Latein konnte; deshalb trat er in die zweite Klasse des Gymnasiums ein. Mit etlichen anderen Schülern mußte er an den Nachmittagen Latein nachlernen. Nach einem halben Jahr hatte er nicht nur aufgeholt, sondern bereits die Note »sehr gut« in diesem Fach. Am 13. September 1954 war also Peter Handke Schüler des 1. Bundesgymnasiums Klagenfurt, Abteilung Tanzenberg (c-Klasse) und gleichzeitig Zögling des Knabeninternats »Marianum« geworden. Das »Merkblatt zur Aufnahme in das bischöfliche Seminar ›Marianum‹«, mit einem Abriß seiner Geschichte, vermittelt authentisch die Atmosphäre dieser Erziehungsanstalt: »Seminare sind kirchliche Einrichtungen, die der Weckung und der För-

Tanzenberg

derung der Priesterberufe dienen. Sowohl bei der Aufnahme wie auch beim Verbleib im Haus soll das Priesterwerden als eine mögliche Berufsentscheidung angesehen werden«, heißt es zur Zielsetzung der Anstalt. »Die Aufnahmsgesuche (Gesuch des Buben, Einverständnis der Eltern, Empfehlung des Pfarrers) sind vom zuständigen Seelsorger an den Direktor des bischöflichen Seminars einzureichen.«

»Der oberste Vorgesetzte des bischöflichen Seminars Marianum ist der Hochwürdigste Bischof. An der Spitze der Hausvorstehung steht der Direktor, dem in der Erziehung und in der Aufrechterhaltung der Disziplin der Pädagogische Leiter (Generalpräfekt) und die Abteilungspräfekten zur Seite stehen.«[22]

In der Schülerzeitung »Fackel« 1966/67, III. Jahrgang, findet man eine statistische Übersicht: Von (Handkes) Maturajahrgang 1961 hatten von 19 Schülern zehn sich beruflich für die Theologie entschieden, sechs davon wurden zu Priestern geweiht. In den Jahren 1955 bis 1967 wurden 101 Tanzenberger Zöglinge Priester. In der gleichen Zeit sind in dieser Diözese nur 22 Nicht-Tanzenberger geweiht worden. Das illustriert die überragende Bedeutung der Schule für den Priesternachwuchs Kärntens.

Peter Handke kam 1954 als stiller, ruhiger Schüler in eine auffallend stille, ruhige Klasse mit sehr begabten Schülern. Sozial stammten alle Tanzenberger aus einfachen Verhältnissen, durchwegs Landkinder aus der Kärntner Umgebung, Söhne von Bauern, Kleinhäuslern, vielleicht auch Handwerkern. Die Professoren am Gymnasium waren alle weltlich, die Erzieher im Marianum alle geistlich. Alle Gymnasiasten waren gleichzeitig Zöglinge des Internats, das in dem östlichen Teil des wuchtigen Gebäudekomplexes lag, welcher den flachen Hügel nordöstlich von Klagenfurt weithin sichtbar krönt. Damals kamen die Zöglinge zu Schulbeginn großteils noch mit der Bahn angereist und stiegen an der kleinen Zugshaltestelle Zollfeld aus, die aus Bedarfsmangel längst aufgelassen ist; das alte Stationsgebäude steht heute noch, wie in einem Western, verloren und verlassen herum. Man muß sich die Schülertrupps vorstellen, wie sie, vielleicht schon wieder Heimweh im Herzen, leise oder lauthals lärmend den Hügel nach Tanzenberg hinantrotteten. Es muß einen Schüler schon ehrfürchtiges Staunen angefallen haben, wenn er am ersten Schultag die Serpentinen der Hangstraße hinaufstieg und oben den großmächtigen finsteren Gebäudekerker sah, der jetzt seine Bleibe werden sollte.

Der Schulanfang Peter Handkes am 13. September 1954 war allerdings anders. Onkel Georg brachte ihn nämlich, wie er sich erinnert, mit seinem Sportwagen, dem »Silberpfeil«, nach Tanzenberg; der Stiefvater und der Großvater begleiteten ihn. Die Mutter besuchte ihn gleich am ersten Sonntag und an seinem Geburtstag im Dezember. Zu Allerheiligen durfte er drei Tage heimfahren. Zehn Tage nach Beginn seines zweiten Schuljahres in Tanzenberg (1955/56) verfaßte der Internatszögling einen 16seitigen autobiographischen Bericht, den er »Mein Leben. 2. Teil« betitelte und in ein großes orangenes Heft schrieb.

Das Manuskript zeigt »literarisch« Wesenszüge eines Zwölfjährigen, es enthält aber schon manchen Informationskern für später. Die Auswahl der beschriebenen Ereignisse verrät deren emotionale Hierarchie für den Schreiber. Die Erzählung beginnt mit Handkes Rückkehr nach Griffen 1948 und seinen Sprachschwierigkeiten mit den Nachbarskindern. Die Familie geht in den Markt, um neue Kleider zu kaufen, weil man die alten in Bayerisch Gmain vor der abenteuerlichen Grenzüberquerung liegen ließ. Solche biographischen Details wird Handke später in »Wunschloses Unglück« wiederholen. Die Namen der Zwillingsbrüder seines Griffener Spielkameraden Hansi lassen aufhorchen: Albin und Ignaz. Sie tauchen in »Über die Dörfer« als Namen zweier Arbeiter auf; spielt doch gerade in diesem Stück die Kindheitsthematik eine fundamentale Rolle.

Seine Schulleistungen waren auch hier im Gymnasium Tanzenberg hervorragend, er schloß jede Klasse mit Vorzug ab. An Fremdsprachen lernte er, dem humanistischen Typ entsprechend, Latein ab der ersten, Griechisch ab der dritten, Englisch ab der fünften Klasse; Kurzschrift besuchte er zwei Jahre, Italienisch und Slowenisch nur in der sechsten Klasse.

Die Erfahrungen des Jahres 1957 prägen Thema und Form eines Textes »1957 (Ein autobiographischer Essay)«,[23] den Handke im Herbst 1967 schrieb. Vieles deutet hier autobiographisch auf die Internatszeit zurück, vieles auch auf sein späteres Schreiben voraus. Der Text faßt in genauen Einzelsätzen Charakterzüge des jungen Peter Handke von damals: Sein Betragen: »Ich stand auf, wenn ein Vorgesetzter den Raum betrat.« Seine Stellung in der Gruppe der Jugendlichen: »Als es in Mode kam, sich mit Kreide Hakenkreuze auf die Handfläche zu zeichnen und damit Nichtsahnenden auf die Schulter zu klopfen, war ich meist der Beklopfte.« Oder aber: »Weil ich in der griechischen Grammatik allen überlegen war, fühlte ich mich mächtiger als viele.« Der Text markiert seine Bildungsinteressen. Der Zwang des Heimlebens, die Verhaltensformen des scheuen Einzelgängers, sein eigenwilliger Respekt vor dem Wissen u. a. kennzeichnen die komplexe Haltung eines Schülers unter Schülern und Vorgesetzten. Die äußere Gliederungsform erinnert bewußt an das Schema der Schulzeugnisse; ein Typoskript Handkes bestätigt diesen Gedanken durch den handschriftlichen Titel »Ein Zeugnis von 1957«. Allerdings hat der Text auch eine Eigendynamik und darf nicht naiv autobiographisch verstanden werden.

Im Schuljahr 1957/58 übernahm der junge Professor Dr. Reinhard Musar die fünfte Klasse in Tanzenberg, und zwar als Klassenvorstand und in den Fächern Deutsch und Englisch. Am 15. Oktober 1957 war die erste Schularbeit in Deutsch. Eine Woche später, so erinnert sich Musar, kam der Schüler Handke zu ihm, legte ihm eigene Texte vor und bat um sein Urteil. Der erste Text soll vom Großvater gehandelt haben, der im Obstgarten einen Baum pflanzte; nicht für sich, wie er meinte, sondern für seine Nachkommen. Ein anderer Text hatte religiöse Thematik; eine Hostie habe darin große Bedeutung gehabt. Musar hat Handke, der damals auch Gedichte schrieb, geraten, doch Prosa zu schreiben, falls er die Absicht habe, daraus einen Beruf zu machen.

Reinhard Musar war die erste für den Jungautor literarisch kompetente Persönlichkeit; er erkannte früh seine große literarische Begabung und ermutigte ihn zum Schreiben. »Der Deutschprofessor war genauso scheu und isoliert«, erinnerte sich Handke, »wir machten Spaziergänge miteinander, aßen Äpfel und zeigten einander, was wir geschrieben hatten. Mit ihm habe ich mich wohl gefühlt.«[24] Durch Zufall ist uns ein vereinzeltes Foto eines solchen Spazierganges überliefert: Wie aus einem Science-fiction-Film wirken die zwei seltsamen Gestalten in ihren flatternden Mänteln, offenbar in ein Gespräch ver-

Reinhard Musar, P. H., 1957

tieft, lange Schatten auf einer Landschaftskuppe, wie ein Theaterhügel in einem kosmischen Raum, fremd, hinten das Tal im Nebel.

Von Internatsgemeinschaften sagt man, daß Gefühle der Zusammengehörigkeit weit ins spätere Leben hineinreichen, auch wenn man im Internat nicht unmittelbar Klassengenosse war. Peter Handke hat heute noch freundschaftlichen Kontakt zu »Tanzenbergern«; Hans Widrich etwa, der etliche Jahre vor, und Gustav Januš, der ein Jahr vor Handke maturierte. Hans Widrich war es auch, der die Schülerzeitschrift »Fackel« gründete. Der Name ahmt nicht Karl Kraus nach; er wurde als eine Art von Gegenbild zur slowenischen Hauszeitschrift entworfen, die »Kres«, Sonnwendfeuer, hieß. Widrich bedauert heute, daß er darin eine Geschichte Handkes nicht publizierte: »Der Grund war banal. Ich tippte alle Beiträge selbst ab, und seine Erzählung war mir zu lang.« Es gab lange Zeit Gerüchte, Handke habe in dieser Schülerzeitschrift frühe Texte publiziert, er selbst verneint es.

Gustav Januš erzählt, Handke dort »als einen sehr stillen introvertierten Zögling, beim Spaziergang fast immer mit einem Buch unter dem Arm« im Gedächtnis zu haben. Sein Deutschprofessor las der Klasse bei jeder Gelegenheit Aufsätze Handkes vor, begleitet von der Bemerkung »So sollt ihr schreiben!«

Johann Weißeisen, ein älterer Mitschüler Handkes, besitzt heute noch zwei Aufsatz-Manuskripte des Internatsschülers Handke, die seine damalige Auffassung vom Künstler und dessen Werk illustrieren. Im Aufsatz »Dichter oder Schriftsteller« unterscheidet er kategorisch, »daß ein Dichter bleibt, ein Schriftsteller aber vergessen wird«. Er beurteilt dann die Autoren Graham Greene, Paul

Am nächsten Morgen stand ich am Gitter unseres Gartens und schaute auf die Häuser des Dorfes. Da kam aus einem Haus, das nur fünf Meter von meinem Zaun entfernt war, plötzlich ein kleiner Junge herausgelaufen. Er mochte nicht viel jünger sein als ich. Er fing an zu reden, doch ich verstand kein Wort, denn ich war gewohnt, berlinerisch zu sprechen. Was ich seinen Worten entnehmen konnte, lautete wie: „I haß Hansi." Ich ging wieder ins Haus hinein, nachdem wir uns eine Weile betrachtet hatten. „Mama, wer ist denn dieser Junge, der mit mir unten im Garten gesprochen hat?" fragte ich Mutter. „Ach, das wird der ... Hansi sein. Mit dem kannst du dann oft spielen."

Manuskript eines Aufsatzes

Claudel, Bruce Marshall und William Faulkner. Dem letzten gebührt sein höchstes Lob, und Faulkner ist es auch, dessen unmittelbaren Einfluß frühe Texte Handkes, wie etwa der Kurztext »Die Hornissen«, formal erkennen lassen. Die Nähe zu Faulkners »As I lay dying« ist offensichtlich. »Das Buch – ein Freund« heißt der zweite kleine Aufsatz, wobei die Fragestellung auch hier an übliche Aufsatzthemen des Gymnasiums erinnert. Die Grundthese zielt auf »Lesen als wertvolle Lebenshilfe im höheren Sinne«. »Der höchste Genuß an Büchern sei die eigene Leistung des Lesens«, nicht Buch als soziales Prestige also, nicht Lektüre aus Sensationslust und Neugier, nicht Bestseller, sondern wertvolles Buch.

In einem Turmzimmer auf einer alten Schreibmaschine habe Handke, so Weißeisen, seine ersten Texte getippt. Er kann sich auch auf die prophetische Äußerung Reinhard Musars im Konferenzzimmer erinnern: »Von ihm werden wir noch hören!« Reinhard Musar erzählte mir, daß ihm bei Handke der besonders geschärfte »Sinn für grammatische Systeme« noch heute in Erinnerung sei. Viele seiner frühen Texte leben aus solchem Strukturempfinden. Weißeisen zeigte Handke einige seiner frühen Texte, denn beide interessierten sich für Literatur. Weißeisen fuhr 1959 mit Handke nach Klagenfurt zu einem »Schüler-Literaturwettbewerb«, weil er auch eigene Texte eingeschickt hatte.

Handke wurde in jener Veranstaltung im Konzerthaus in Klagenfurt ausgezeichnet, ein Professor (Haselbach?) hielt eine (wohl erste) Laudatio auf ihn. Für den Ausgezeichneten war es besonders wichtig, so erinnert sich Weißeisen, von kompetenter Seite in seinem Schreiben bestätigt zu werden. Als Folge davon wurden zwei seiner Texte in der »Kärntner Volkszeitung« veröffentlicht: das

sind Handkes erste literarische Publikationen; »Der Namenlose« (KVZ vom 13. Juni 1959) und »In der Zwischenzeit« (KVZ vom 14. November 1959).
Diese Texte stehen nicht beziehungslos neben der übrigen Kurzprosa des Frühwerks. Thematisch zeigen sie eine enge Verwandtschaft mit einem dort ausgeformten Komplex, etwa Name – Seele – Identitätsverlust – Identitätssuche, und, im zweiten Text, Gerichtssituation – Mord – Sühne. Formal beeindruckt die syntaktische Strenge und bewußte Kurzatmigkeit ebenso wie das Aussparen jeglicher Gefühlsanteilnahme durch die angestrebte Beschreibungsobjektivität. Überraschend für den literarischen Anfänger, der er, siebzehnjährig, wohl längst nicht mehr war, ist das sichere Vermeiden von Klischees in Wort, Bild und Satzform:

»In der Zwischenzeit«: »Die Geschworenen saßen ernst auf ihren Plätzen und starrten auf den Angeklagten, und der Staatsanwalt hatte zu sprechen aufgehört. Der Verteidiger hockte da wie ein schmelzender Schneemann, und der Angeklagte saß aufrecht und gefesselt auf der Anklagebank. Er war bleich, und der Schweiß lief in seinen Mund; er konnte ihn kaum noch schlucken. Es war ein grauer Tag ohne Sonne, der Himmel war eine einzige Wolke, und er lastete auch im Raum. Die Bänke waren fast leer. Nur in der letzten Bank saß ein alter, weißhaariger Mann, der den Kopf tief gesenkt hielt, und es war kein Mensch im Saal, der ihn je anders gesehen hatte. Die Verhandlung war ruhig verlaufen, der Verteidiger hatte für den Angeklagten, der Staatsanwalt für die Gerechtigkeit gesprochen, und es war an der Zeit, daß sich die Geschworenen zurückzogen, um das Urteil zu fällen. Der Angeklagte hatte den Mord gestanden. Er war groß und

breitschultrig und grob gebaut, und er hatte dem Mann mit der Axt den Schädel eingehauen. Die Geschworenen erhoben sich und gingen langsamen Schrittes in das Nebenzimmer. Die Tür schloß sich leise, und der Mann saß auf der Bank und war an sie gekettet. Er vermochte nur mit Mühe den Kopf zu heben, doch er wußte, daß der alte Mann über ihm saß. Das Fenster war schmutzig und ließ nur wenig Licht herein, und über eine schadhafte Stelle hatte man einen Karton geheftet. Es war sehr still im Saal, nur aus dem Nebenraum war der Richter zu hören. Doch seine Stimme blieb unverständlich. Der Mann sank von Minute zu Minute mehr in sich zusammen: er war wie ein Haufen Heu, das der Wind auseinander wirft, und der immer kleiner wird und zuletzt verschwindet. Dann begann er zu sprechen, er sprach sehr leise, und die Kehle war ihm zusammengepreßt vor Angst, und er wußte nicht, ob der alte Mann überhaupt zuhörte.
›Ich habe ihn getötet‹, sagte er. ›Ich habe ihn getötet‹, schrie er und wandte den Kopf nach dem alten Mann, und dieser saß da wie früher und verbarg das Gesicht in seinen Händen. ›Ich wollte es nicht tun, aber ich habe ihn gehaßt, weil er besser war als ich. Ich konnte es nicht mehr ertragen.‹ Der Mann stöhnte und blickte den anderen scheu an. Der alte Mann schien zu schlafen. ›Wir waren Freunde, als wir zur Schule gingen, und selbst, als wir miteinander wetteiferten, blieben wir es anfangs. Er war ein ordentlicher Mann, und er konnte es nicht sehen, daß ich etwas nur halb tat, und deshalb habe ich ihn auch ganz getötet, nicht nur den Körper, sondern auch den Geist.‹ Der alte Mann saß ganz oben in der letzten Reihe und atmete ruhig, und der Mann schwitzte vor Aufregung und Angst, während es draußen zu regnen begann. ›Zuerst wurde er wahnsinnig. Dazu brachte ich es auf un-

nachahmliche Weise: ich nahm ihn jeden Abend in ein gewisses Lokal mit, und wenn wir heimgingen, waren wir immer betrunken, besonders er, und ich erzählte ihm manches, und meist schrie ich und rief seine tote Frau und seine toten Kinder. Oft sah er sie auch und weinte und ich mit. Am Morgen war er dann immer sehr blaß und saß still im Büro und arbeitete den ganzen Tag nicht. Nur gegen Abend unterschrieb er die dringenden Papiere, bis ich ihn abholte. Zuletzt brachte ich ihn mit Weibern zusammen, und er sah in allen seine Frau und bekam Krankheiten, und dann hatte ich ihn soweit, daß er in eine Nervenheilanstalt eingeliefert werden mußte.‹ Der Mann hielt inne, er hatte die letzten Worte nur geflüstert, und er war ganz schweißbedeckt, und seine Tränensäcke waren angeschwollen. Er wandte sich nach dem alten Mann, doch dieser saß da wie früher und atmete leise. Draußen grollte ein Gewitter. Im Saal war es noch dunkler geworden. Der alte Mann lauerte über ihm wie ein Rabe, und sein Gesicht war unsichtbar. Er hielt es in seinen Händen wie einen großen Schatz. ›Aber damit gab ich mich noch nicht zufrieden‹, fuhr der Angeklagte fort, und seine Stimme klang wie das Rascheln eines fallenden Blattes. ›Ich wollte auch seinen Körper töten. Ich besuchte ihn oft und brachte es dazu, daß er unheilbar blieb. Eines Tages ging ich mit ihm spazieren – ich führte ihn wie gewöhnlich am Arm, und es war ein Tag wie der heutige –, und wir schlenderten durch das Parkwäldchen in der Nähe der Anstalt. Es war um die Mittagszeit, und als es zu regnen begann, gingen wir in eine Werkzeughütte; es war sehr dunkel, so daß er nicht sehen konnte, wie ich die Axt aus einer Kiste hervorholte und ihn erschlug. Es war ein guter Schlag, und er war sofort tot. Dann nahm man mich fest, ich hätte mir denken können, daß uns ein Wärter im

Wald verschwinden sah.‹ Der Mann verstummte, und sein Gesicht glänzte von Schweiß und Tränen; das Urteil mußte bald verkündet werden. Da hörte er, wie der alte Mann über ihm sich erhob und schleppenden Schrittes herunterkam. Er hatte einen Stock, der Gefesselte konnte sein Pochen hören, wenn ihn der alte Mann auf eine Stufe setzte. Vor dem Fenster blitzte es, und mit dem folgenden Donner erhob sich der Sturm. Draußen auf der Straße raschelten Papierfetzen, und das Wasser floß über den Himmel. Im Nebenzimmer war es still geworden. Der alte Mann tastete sich näher, und es war so dunkel, daß nur die Gesichter der beiden im Raum schwebten wie dünne Kerzen, und das weiße Haar des alten Mannes erhob sich wie eine Flamme um seinen Kopf. Der Angeklagte saß starr in den Ketten und blickte angestrengt in die Dunkelheit. Dann stand der alte Mann vor ihm, und seine Gestalt war so sehr gebeugt, daß sein Gesicht noch immer unsichtbar war. Dann hob er sein Gesicht und blickte ihn an und schwieg. Der andere sah ihn, und sein ganzes, nasses Gesicht dehnte sich aus und dann faltete es sich wieder wie ein weißes Hemd, und zuletzt sank die Gestalt in den Ketten zusammen wie ein vom Galgen Abgenommener. Und das Leben wich aus ihm. Die Tür zum Nebenzimmer öffnete sich, und die Geschworenen mit dem Richter an der Spitze traten herein und hatten die ganze Würde der Gerechtigkeit in ihren Gesichtern. Der alte Mann breitete die Arme aus und stand im Dunkel des Raumes und lächelte. Das Gesicht des Toten war nun offen und schwarz wie eine breite Kluft in der Erde. Der alte Mann verneigte sich höflich und ging zur Tür. Er stieg die Treppe hinunter, und man konnte seinen schweren, triumphierenden Schritt noch so lange hören, bis er auf die Straße hinausgetreten war.

Es regnete stärker als früher, und der Wind lief durch die Wolken, während der alte Mann hinausging in den Regen. Das Wasser lief auf sein Haar, und er weinte, aber oben im Saal lag noch immer sein Lächeln, als er schon lange im Regen verschwunden war.«[25]

»Es gibt Lebensläufe«, sagte Handke in seiner »Salzburger Literaturpreisrede« 1986, »bei denen im großen und ganzen eintrifft, was durch Geburt, Herkunft und Umgebung vorgezeichnet ist. Das ist wohl, zumindest in einer Friedenszeit die Regel. Daneben gibt es seltsame Leben, die man weniger ›Läufe‹ nennen kann als ›Sprünge‹, ›Versetzungen‹ oder ›Fälle‹. So ein Fall bin vielleicht ich.«

Eines schönen Tages im Jahre 1959 fuhr der Zögling Handke unter dem Vorwand, den Zahnarzt zu besuchen, vom Internat mit dem Bus nach Klagenfurt. Dort schlenderte er neugierig durch die Straßen, kaufte sich zwei Rowohlt-Taschenbücher und begann sofort zu lesen. »Es waren ›Die Kraft und die Herrlichkeit‹ von Graham Greene, ein Buch, das im Internat verboten war, und ›Das Herz aller Dinge‹, wo ein Bordell vorkommt. Ich wußte damals gar nicht, was ein Bordell ist, und las ganz verständnislos darüber hinweg, aber der Präfekt wußte es. Er nahm mir das Buch weg, markierte es ›Seite 142 bis 145!‹ und legte es dem Direktor vor. Der hat mich ernstlich verwarnt. Da bin ich von selber gegangen.«[26]

So übersiedelte Peter Handke, mitten im Schuljahr 1959/60, vom Priesterseminar Tanzenberg ins Bundesgymnasium Klagenfurt und sah sich eines Morgens in einer gemischten Klasse neben einem Mädchen sitzen.

Daß er sich als empfindsamer Heranwachsender auch dem sanften Drängen zum Priesterberuf entziehen wollte, muß man als zusätzliche Motivation seines Austritts wohl mit erwägen. Es war ihm bewußt, daß er »in einem

katholischen Internat lebte, wo man von vornherein bestimmt war, Priester zu werden«.[27]
Jedenfalls hatte die Literatur den Anstoß zu dieser Lebensveränderung gegeben, die kein nebensächlicher Zufall mit unerwarteter Wirkung war, denn das Lesen war für den Gymnasiasten Handke längst zur hauptsächlichen Erziehungsmethode geworden: »Das stupide System der Erziehung, das wie auf jeden von den Beauftragten der jeweiligen Obrigkeit auch auf mich angewendet wurde, konnte mir nicht mehr so viel anhaben. So bin ich eigentlich nie von den offiziellen Erziehern erzogen worden, sondern habe mich immer von der Literatur verändern lassen.«[28]
»Wie ich früher gelesen habe, viel gelesen habe, als ich von Büchern durch und durch gerüttelt wurde, etwa bei der Lektüre von Faulkner und Dostojewski, da gab es Momente, wo ich zu schweben angefangen habe und eine mögliche andere Empfindungswelt erlebte, die mir bis dahin fremd war«, erinnerte sich Handke später. Die Erlebnisarmut seines tristen Internatsdaseins kompensierte er durch den Erlebnisreichtum, den ihm die Literatur bot.[29]
Aus dem Internatszögling war also 1959, von heute auf morgen, ein Fahrschüler geworden, der nun täglich mit dem Autobus von Griffen in die Landeshauptstadt kam. Manche seiner späteren Lieblingsgewohnheiten scheinen hier ihren Anfang genommen zu haben: das Fahren mit öffentlichen Verkehrsmitteln; das intensive Lesen während dieser Fahrten; das beharrliche Beobachten der Mitfahrenden; die Vorliebe für Bushaltestellen und Bahnhöfe.
Alfred Holzinger nennt Handke in der Grazer Studentenzeit einen »leidenschaftlichen Straßenbahnfahrer« und

Haus Altenmarkt Nr. 6

erzählt, daß ihn Handke, aus reinem Fahrvergnügen, oft auf seiner Heimfahrt nach Maria Trost begleitete und manchmal ziellos zwischen einer Endstation und der anderen hin und her pendelte.[30]

In jenen Fahrschülerjahren müssen sich die Lebensbedingungen der Familie Handke zugespitzt haben. Die Mutter spricht in den Briefen Ende der fünfziger Jahre immer wieder von den Mühen des Hausbaus, der damals das Hauptziel der Handkeschen Familienwünsche war. Er war dringend notwendig geworden, nachdem die Familie zu Monika, geboren am 7. 8. 1947 in Berlin-Pankow, und Hans Gregor, geboren am 15. 5. 1949 in Griffen, in Peters Tanzenberger Zeit noch den Nachzügler Robert, geboren am 28. 11. 1957 in Griffen, bekommen hatte. Die in den Ferienzeiten sechsköpfige Familie bewohnte immer noch im Hause des Großvaters zwei Räume im Obergeschoß. Die häusliche Enge und Dürftigkeit der Wohnverhältnisse waren bedrückend. Hausbauen hieß aber für eine solche Arbeiterfamilie tägliche Mühsal und jahrelanges Sparen; jeden Abend, jeden Sonn- und Feiertag schuften und rackern. Denn ein Großteil der Bauarbeiten wurde eigenhändig gemacht. Auch die Kinder halfen und litten bei einem solchen Unternehmen kräftig mit. Und es war eine große Erleichterung, als die Familie aus den beengten Wohnverhältnissen im Hause des Großvaters, 1957 endlich, den Hang hinauf, ins neue eigene Haus übersiedeln konnte.

Die Vorliebe der Mutter für den studierenden Sohn ließ Spannungen und Zerwürfnisse mit dem Stiefvater entstehen und brachte, auch für die Geschwister, Probleme: »Seit ich denken kann«, sagte die Halbschwester Monika 1986, »war Peter der Mittelpunkt. Wenn er daheim war, dann fiel für uns, die anderen Kinder, wenig ab von der

Liebe, der Zeit unserer Mutter.«[31] Und die intensive Mutter-Sohn-Beziehung beschreibt sie aus ihrer Erinnerung so: »Letztlich glaubte sie, nur bei einem Mann wirklich Zugang zu finden, bei ihrem Sohn Peter: Die beiden hatten vieles gemeinsam. Auch die Mutter war ungeheuer g'scheit. Wenn sie zusammen waren, schafften sie es, sich abzukapseln und nur füreinander da zu sein. Auch wenn ich damals darüber nicht gerade glücklich war, so war unsere Mutter eine herausragende Frau«.[32]
Bruno Handke hat sich gegen die Seelenverwandtschaft von Mutter und Sohn Peter niemals aufgelehnt. Der gelernte Zuckerbäcker, der in Berlin Straßenbahnschaffner gewesen war, erhielt nach seiner Rückkehr 1948 bei seinem Schwager Georg Siutz zuerst eine Stelle als Hilfsarbeiter, dann als Lkw-Fahrer. Er war durch einen Ellbogendurchschuß kriegsversehrt. Als Berliner, »Piefke«, der kein Wort slowenisch sprach und verstand, war er im zweisprachigen Dorf Griffen sogar von Wirtshaustischgesprächen ausgeschlossen. »Sooft er von seinen Vorhaben erzählte, wurde er jedesmal so scharf ausgelacht, daß er bald stockte und nur noch stumpf zum Fenster hinausschaute«, heißt es im »Wunschlosen Unglück«. In diesem Dorf konnte er sich deshalb nie heimisch fühlen. Er begann zu trinken, es kam häufig zum Streit zwischen ihm und Peters Mutter.
»Mein Vater war ein Trinker«, sagt der Ich-Erzähler im »Kurzen Brief zum langen Abschied«. »Und wenn ich im Bett lag, hörte ich es oft im Nebenzimmer gluckern, sooft er sich etwas ins Glas goß: Bei der Erinnerung möchte ich ihm sofort mit einem Dreschflegel den Kopf abschlagen, damals wünschte ich nur schnell einzuschlafen.«[33]
»Ich glaube heute, daß ich meine Mutter beeinflußt habe

in ihrem Verhalten gegen ihren Mann, meinen Stiefvater. Ich habe sie bewogen, ihn negativer zu sehen, als sie es – ohne mich – getan hätte.«[34]
Vor der Matura eröffnete ihm seine Mutter, daß Bruno Handke sein Stiefvater sei. Sein leiblicher Vater sei ein Deutscher, Sparkassendirektor inzwischen, namens Ernst Schönemann. Nun wuchs der Wunsch in ihm, seinen wirklichen Vater persönlich kennenzulernen.
Er nahm, mit Hilfe der Mutter, brieflichen Kontakt auf, und es kam dann zur ersten Begegnung zwischen Vater und Sohn. »Nach der Matura sah ich meinen Vater zum ersten Mal: vor der Verabredungszeit kam er mir zufällig auf der Straße entgegen, ein geknicktes Papier auf der sonneverbrannten Nase, Sandalen an den Füßen, einen Colliehund an der Leine. In einem kleinen Café ihres Heimatortes traf er sich dann mit seiner ehemaligen Geliebten, die Mutter aufgeregt, der Vater ratlos; ich stand weit weg an der Musikbox und drückte ›Devil in Disguise‹ von Elvis Presley.«[35] Peter Handkes Beziehung zu seinem Vater Ernst Schönemann ist zuletzt deutlich anders geworden. Am 16. Dezember 1990 schrieb er mir: »Vor zwei Tagen ... habe ich in einem Hamburger Vorort meinen 83jährigen Vater mit seiner fast ebenso alten Lebensfrau besucht (eigentlich war eher sie ›mit ihm‹, aber wer weiß?). Das war erfreulich; als 48jähriger kann ich, zumindest auf die Entfernung, zu meiner Überraschung, von einem bis dahin eher Fremden ein Wort wie ›Vater‹ denken. Er ist ein beweglicher, einsamer, scheuer, leibhaftiger Mensch, und ich schämte mich heute nacht für das Wort ›Sparkassenexistenz‹, das ich im ›Wunschlosen Unglück‹ gebrauchte.«
Noch vor der Matura war Handke mit seiner Schulklasse das erste Mal nach Salzburg gekommen, wie er sich bei

der Verleihung des »Salzburger Literaturpreises« am 15. April 1986 im Marmorsaal des Schlosses Mirabell erinnerte: »Damals, etwa Anfang der sechziger Jahre, kam ich zum ersten Mal hierher, auf einer Österreichreise meiner Maturaklasse. Wir übernachteten in einer Jugendherberge, von der ich heute annehme, daß es die im Nonntal war, in der Nähe des SAK-Platzes. Seinerzeit hatte ich freilich keinen Sinn für die hiesige Topographie. Getrennt von der Gruppe, in der Absicht, ein bißchen Atem zu holen, verirrte ich mich sofort, verwechselte, wie fast alle Fremden in Salzburg (und nicht selten auch die Einheimischen), die Himmelsrichtungen und fand mich an jeder Ecke vor einem Ausland, wie es mir später nicht einmal angesichts der Beringsee begegnen sollte. Das war mein erstes Bild dieser Stadt.« Diese rückblickende Selbsterkenntnis des Heranwachsenden enthüllt Charakteristisches: nämlich das Bild des Einzelgängers, schon damals, der, wenn möglich, die Gruppe verläßt, um »Atem zu holen«, und sich absondert, um allein zu gehen.

Im Juni 1961 legte er im humanistischen Bundesgymnasium in Klagenfurt die Reifeprüfung mit Auszeichnung ab; das gelang von 17 Absolventen nur dreien, darunter auch Reinhold Wieser, Handkes Freund der nächsten Jahre. Die Themen der schriftlichen Prüfungsarbeiten stehen im 94. Jahresbericht (1961/62) des Bundesgymnasiums und -realgymnasiums Klagenfurt: – Deutsch: »Welche Filmtypen haben sich im Laufe der Zeit entwickelt und was sagen sie Ihnen?«; – Latein: Livius; – Griechisch: Homer. – Als mündliche Prüfungsfächer wählte Handke Griechisch, Mathematik und Philosophischen Einführungsunterricht: im Reifeprüfungszeugnis: nur »sehr gut«, außer einem »gut« in Leibesübungen.

Durch Zufall ist aus Handkes Maturazeit sein blauer

Personalausweis Nr. 670066 erhalten, abgegriffen und an den Rändern dunkel ausgefranst; er wurde am 5. Juli 1961 von der Bezirkshauptmannschaft Völkermarkt, zu der Griffen gehört, ausgestellt und galt bis 4. Juli 1966. Das faltendurchschossene Foto zeigt einen ernst blickenden Maturanten; helles Sakko, dunkles Hemd, weißes Unterhemd im Kragendreieck; Personsbeschreibung: Gesichtsform: oval, Farbe der Augen: braun. Besondere Kennzeichen: Brille. Dieses Lichtbild zeigt uns den Fahrschüler, täglich von Griffen nach Klagenfurt und retour. Die Ausstellung des Personalausweises damals kommt daher, daß er, möglicherweise auf Maturafahrt, ins Ausland reisen wollte: »Während die andern zusammen in den Bus nach Griechenland stiegen, spielte ich den Einzelgänger, der lieber für sich nach Jugoslawien reisen wollte«.[36] Man kann daraus schließen, daß Handke im Sommer 1961 allein seine erste Auslandsreise nach Jugoslawien machte.

Als ihn Heinz Ludwig Arnold 1976 fragte, warum er bei »soviel Neigung zur Literatur dann das Jus-Studium und nicht ein Germanistik-Studium« gewählt habe, antwortete Handke: »Ich war in der Ratlosigkeit von Abiturienten ... Ich wußte einfach nicht, was ich wollte. Das Ziel war: Schriftsteller zu werden und zu sein. Und da gab es einen Professor für Deutsch, der mir riet – und der wußte, daß ich schrieb –, ein Studium zu wählen, wo man nebenbei viel Zeit zum Schreiben hätte. Das Jus-Studium ist ja in Österreich so, daß man drei oder vier Monate im Jahr intensiv seine Fakten lernen muß, und so hat man dann vier bis fünf Monate für sich. Diesen Rat habe ich befolgt. Es war Ausdruck der Ratlosigkeit. Heute denke ich natürlich, ich hätte lieber etwas studieren sollen, wo man nicht gleich die Fakten ausgelegt bekommt, wie beim Jus- und

auch beim Germanistik-Studium, sondern wo man einfach Fakten sehen lernt, wie bei Biologie und Physik.«[37]
Dem Rat seines Deutschprofessors Reinhard Musar war Handke also gefolgt, als er am 9. November 1961 an der Rechts- und Staatswissenschaftlichen Fakultät der Universität Graz inskribierte. Als Studentenbude bezog er ein winziges, schattiges Zimmer, Adresse: Graz-Waltendorf, Rosenhang 6; und damit begann für ihn eine neue, wichtige Lebensphase: »Mein Zimmer ist klein, aber recht nett, nur ein wenig kalt, weil es auf der Nordseite liegt, besonders jetzt, da es schon wieder regnet.«[38]

Das »Meldungsbuch« der Juridischen Fakultät vom 16. Oktober 1961 zeigt den gleichen Neunzehnjährigen wie der Personalausweis, aber auf einem anderen Foto: mehr en face, gleiche Brille, dunkles Sakko, dunkles modisches Hemd, gleiche Frisur mit eher kurzem Haarschnitt.

Er gehörte sicher zu den ärmeren Studenten seines Jahrgangs; blaue und rote Stempel »Studienbeihilfe bewilligt« beweisen das ebenso wie die vom ersten bis zum sechsten Semester im Meldungsbuch wiederholte Stampiglie »Ermäßigung nach Stufe: eins«. An den Hochschulwahlen 1963 und 1965 nahm Handke laut Vermerk teil; wen er wählte, läßt sich nur vermuten, wahrscheinlich die sozialistische Studentengruppierung, obwohl er dem Priesterseminar Tanzenberg entstammte und dort 1957/58 dem MK, dem »Verband der Marianischen Mittelschulkongregationen Österreichs«, laut Mitgliedsausweis Nr. 1757, angehört hatte. Die Daten dieses Dokuments: Eintrittsdatum: 11. 9. 1957; Kandidatenversprechen abgelegt am 7. 12. 1957; Sodalenweihe abgelegt am 7. 12. 1958. Ob das wiederkehrende Dezember-Datum mit Handkes unmittelbar vorhergehendem Geburtstag zu tun hat?

Auf dem Ausweis des MK fehlt das Lichtbild; die im dafür

Bildnis des Inhabers

Eigenhändige Unterschrift des Inhabers:

Peter Handke

Graz, den 16.10. 1961

Meldungsbuch, Universität Graz

vorgesehenen Viereck verzeichnete Nr. 34 scheint sich auf eine Liste, also auf eine Gruppenaufnahme, zu beziehen. Auffallend ist der Satz auf dem Ausweis: »In Todesgefahr bitte sofort einen röm.-kath. Priester rufen«, der in englischer, französischer, italienischer, spanischer, portugiesischer und holländischer Sprache wiederholt wird.

Das Leben, das der Student Peter Handke im Herbst 1961 in Graz zu führen begann, empfand er anfangs als frei und neu, aber nicht ausschließlich als erfreulich. Die Stationen seiner Kindheit und Pubertät, Südkärntner Dorf, katholisches Internat, mittelgroße Stadt, lagen hinter ihm. »Gegenüber Klagenfurt«, meint Alfred Holzinger, »mußte Graz mit seiner viertel Million Einwohner (und) dem ausgeprägten geistig-kulturellen Habitus auf ihn wie eine zunächst unüberschaubare, erst allmählich zu bewältigende Großstadt wirken.«[39]

Am 20. Oktober 1961 saß der Student Peter Handke in seiner Studentenbude in Graz und schrieb den ersten Brief an seine Mutter nach Griffen. An diesem Tag begann ein Briefwechsel, der – wie keine andere Quelle – vom Menschen Peter Handke und seinen Anfängen als Schriftsteller erzählt. An den Beginn dieser Korrespondenz paßt eine kleine Brieftheorie. Man konnte sie in der von Radio Graz am 13. September 1965 gesendeten »Bücherecke« hören, in welcher der Dreiundzwanzigjährige Briefbände besprach und über das Briefschreiben reflektierte:

»Briefe bezeichnet man oft als schriftliche Zwiegespräche. Das ist eigentlich in sich ein Widerspruch, weil Gespräche zwischen zweien von Mund zu Mund gehen können. Der Ausdruck ›schriftliches Zwiegespräch‹ ist also nur eine Metapher; denn in der Regel sind Briefe keine Zwiegespräche; sie unterscheiden sich von diesen dadurch, daß der Partner dem Schreibenden nicht ins Wort fallen kann. In den Briefen ist es dem Schreibenden möglich, gleichsam auszureden und sich also auszusprechen; und durch den freien Raum, den das Papier seinem Schreibwerkzeug schafft, ist ihm auch die Zeit eingeräumt, die er braucht, seine Worte zu überdenken. Dies ist bei einem Gespräch von Mund zu Mund oft nicht der Fall. Freilich kommt es andererseits infolge der Schriftlichkeit des brieflichen ›Zwiegesprächs‹ dazu, daß sich außer der Anrede die Worte nicht mehr an den Partner richten, sondern sich im Kreis drehen und zu einem Selbstgespräch werden. Zudem hat die Schrift den Nachteil, daß sie den Schreiber Gefahr laufen läßt, die Unwahrheit zu sagen; sie verführt ihn, literarisch zu werden, das heißt, mittels einer unechten Sprache dem anderen Lügen aufzutischen, ohne daß er selber es freilich gewahr wird: da beim Abfassen eines Briefes der Schreibende isoliert ist und nicht durch lautes Sprechen einen falschen Klang selber erkennen kann wie in einem mündlichen Gespräch, wird er oft in das Fahrwasser einer Briefsprache geraten und um der scheinbaren sprachlichen Vollendung willen das vergessen, was er dem anderen sagen will. Die schönsten Briefe sind die, welche dem Tonfall nach die Weise des mündlichen Zwiegesprächs beibehalten, die Möglichkeit der Schrift aber nützen, indem sie sich zum einen aussprechen und zum andern an jenen Stellen fortfahren, an denen ein mündliches Gespräch, bei dem das Wort laut wird, ins Stocken geraten muß; denn in der Schrift kann man mehr aus sich heraus als beim Sprechen, sie kann schamloser und aufrichtiger sein als das gesprochene Wort.«

Neben der starken Bindung an die Mutter spiegeln die Briefe auch die Beziehung zu den Geschwistern Monika, Hans und Robert, zum Stiefvater und nicht zuletzt zum

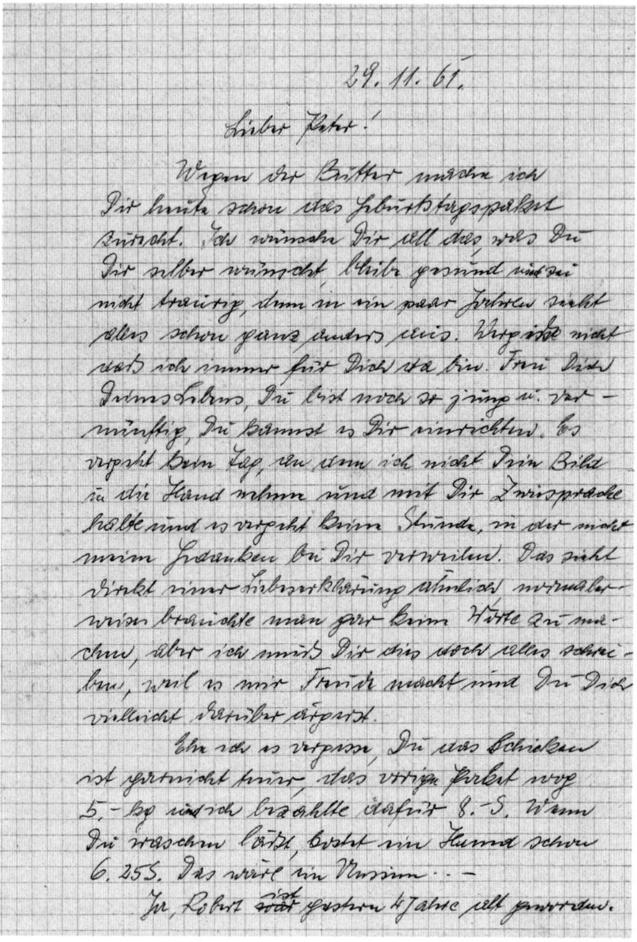

29. 11. 61.

Lieber Peter!

Wegen der Butter mache ich Dir heute schon das Geburtstagspaket zurecht. Ich wünsche Dir all das was Du Dir selber wünschst, bleibe gesund und sei nicht traurig, denn in ein paar Jahren sieht alles schon ganz anders aus. Vergiß nicht daß ich immer für Dich da bin. Freu Dich Deines Lebens, Du bist noch so jung u. vernünftig, Du kannst es Dir einrichten. Es vergeht kein Tag, an dem ich nicht Dein Bild in die Hand nehme und mit Dir Zwiesprache halte und es vergeht keine Stunde, in der nicht meine Gedanken bei Dir verweilen. Das sieht direkt einer Liebeserklärung ähnlich normalerweise brauchte man gar keine Worte zu machen, aber ich muß Dir dies doch alles schreiben, weil es mir Freude macht und Du Dich vielleicht darüber ärgerst.

Ehe ich es vergesse, für das Schicken ist garnicht teuer, das übrige Paket wog 5.- kg und ich bezahlte dafür 8.- S. Wenn Du waschen läßt, kostet ein Hemd schon 6.25 S. Das wäre ein Unsinn..–

Ja, Robert ~~wird~~ ist gestern 4 Jahre alt geworden.

Maria Handke, Brief vom 29. 11. 1961

beherrschenden Großvater. Diese Briefe dokumentieren auch die Beginn- und Lehrjahre eines Schriftstellerlebens. Alle Briefe sind unveröffentlicht; sie sind die unmittelbarste authentische Informationsquelle über Peter Handkes Studienzeit. Den wahren Antrieb für diesen Briefwechsel bildet das »Werben« der Mutter um den über alles geliebten Sohn: »Vergiß nicht, daß ich immer für Dich da bin ... Es vergeht kein Tag, an dem ich nicht Dein Bild in die Hand nehme und mit Dir Zwiesprache halte, und es vergeht keine Stunde, in der nicht meine Gedanken bei Dir verweilen. Das sieht direkt einer Liebeserklärung ähnlich, normalerweise brauchte man gar keine Worte zu machen, aber ich muß Dir dies doch alles schreiben, weil es mir Freude macht und Du Dich vielleicht darüber ärgerst ...«[40]

Der Sohn Peter war für seine Mutter der Besondere unter den Familienangehörigen. Gedanken an ihn halfen ihr, die Mühsal des Familienalltags zu ertragen, die Probleme mit ihrem Mann, die Sorgen mit ihren Kindern zu überwinden.

Sie drängte den Abwesenden, ihr öfter zu schreiben, ihr in den Briefen mehr von seinen Empfindungen mitzuteilen, worauf er lakonisch antwortet: »Du sagst, ich schreibe wenig, was ich empfinde, und das ist vielleicht auch wahr; es gibt hier zwei Möglichkeiten, entweder empfinde ich so wenig, oder ich kann nicht darüber schreiben.«[41]

All das führt manchmal zu sanften Spannungen, die der Sohn in literarischen Spielformen ausgleicht. Er variiert bekannte Brieffloskeln, täuscht Einfallsleere vor und kapriziert sprachlichen Einfallsreichtum: »Liebe Mama, gerade habe ich an Reinhold zwölfeinhalb Zeilen geschrieben; das war der längste Brief an ihn seit langem. Ich sag das hier nur, damit Du Dich nicht wunderst, wenn ich Dir nicht dreitausend Zeilen schreibe. Es fällt mir schwer; nicht, weil ich viel lerne oder weil ich mich mit hohen Dingen beschäftige, sondern vielleicht, weil ich das nicht tue. Es wird sicher wieder die Zeit kommen, da werde ich so lange Briefe schreiben, daß ich einen davon in einem Paket schicken werde, weil er so groß ist ...«[42]

In ähnlichen Variationen behandelt der Briefschreiber nicht nur die Schemata von Briefanfang und Briefende, sondern auch die von der Mutter stets pünktlich erwarteten Bestätigungen der Eß- und Wäschepakete, die dann, spielerisch verdrängt, oft irgendwo im Briefverlauf auftauchen.

Solche Sprachironie heißt aber nicht, daß der studierende Sohn Undankbarkeit zeigte. Er anerkennt und schätzt die vielen Opfer und täglichen Entsagungen der Mutter, die ihm sein Studium möglichst angenehm machen will. »Gestern bekam ich Deinen lieben Brief – und dafür möchte ich mich nun herzlich bedanken, besonders für Deine Besorgnis um mich und für Deine Selbstlosigkeit, na und so weiter und so fort. Ich bitte Dich aber, auch für Dich selber besorgt zu sein, daß Du gesund bleibst und so weiter und so fort ...«[43]

Zu einer tiefen »Aussprache«, Vorwurf der Mutter, Rechtfertigung des Sohnes, geraten zwei Briefe, die im raschen Abstand von nur zwei Tagen aufeinander folgen:

»Ich komme nicht darüber hinweg, was Du für Briefe schreibst, ich freue mich so sehr auf Post von Dir, und wenn dann endlich was kommt, dann bin ich so verwirrt und muß feststellen, er hat mir fast nichts zu sagen, nein Peter Du kannst nicht an meiner Stelle und ich nicht an Deiner Stelle sein, weil jeder nur in sich selbst sein kann, aber Du bist immer *in* mir, wo ich auch bin Du bist immer in mir, bei jeder Arbeit bist Du zugegen, Du oder die anderen und umgekehrt bin ich in jedem von Euch, ich fahre mit Dir in die Stadt, ich sehe Dir zu wenn Du aufstehst und Dich anziehst, ich gehe mit der Monika zur Arbeit und mit dem Hane zur Schule, zur gleichen Zeit spiele ich mit Robert und tröste ihn wenn er von den anderen verprügelt wird (er verdient die Prügel oft). Ich setze mich oft am Tage mit Dir (auf meine Art) auseinander, die Gedanken sind nicht immer freundlich und trotzdem bin ich Dir in großer Liebe zugetan. Ich küsse Dich oft und Du merkst es nicht, wie nahe eine Mutter sein kann ...«[44]

»Liebe Mama, also das ist doch verdammt arg, wie Du es treibst in diesem letzten Brief, als ob ich etwas getan hätte, das wirklich so war, daß es Dich kränken und beunruhigen sollte. Ich finde nicht, daß meine Briefe so unpersönlich sind, nur weil Du vielleicht kein nettes Wort darin findest: ich weiß ja nicht, was für Dich ein nettes Wort ist: daß ich Dich gern habe wie weiß der Teufel was, daß Du ein blödes Ding bist, daß Du klug bist, daß Du nicht klug bist, daß ich Dich fein finde manchmal, und manchmal wie ein Eichhörnchen, und daß ich dankbar bin, daß Du da bist und meine Wäsche in Ordnung hältst, und daß ich Dich mag und daß ich Dich mag und daß ich Dich mag: und daß ich eine Wut habe auf Dich, wenn Du so herumjammerst, anstatt herumzugehen in der Gegend mit stolzem Gesicht als 50.000 Blutspenderin von Kärnten. Was denn? Was soll ich denn? Was glaubst Du denn, warum ich das alles geschrieben habe in der letzten Zeit?

Glaubst Du, ein Leser einer Zeitung würde an die Redaktion solche Briefe schreiben, um sich, sagen wir, über den Fremdenverkehr zu beschweren oder über die Kanalräumung? Oder ein Junge an sein Mädchen? Oder ein

Freund an den Freund? Oder ein Kongoneger an den Papst von Rom? Oder ein Kunde an eine Wäscherei? Oder ein Bruder an seine Schwester? Oder ein Neffe an seinen Onkel? Oder ein Fremder an einen Fremden? Als ob das unpersönlich wäre, über Dinge zu schreiben, die man sonst niemandem sagen kann, die sonst keinen angehen, die man seltsam und befremdend findet? Sie nur deshalb unpersönlich zu finden, nur weil vielleicht kein Spaß drin ist oder vielleicht nicht viel; und weil ich nicht schreibe, daß ich ab und zu zu Vorlesungen gehe, und weil ich vergesse zu fragen, wie es den Hasen geht und ob im Garten alles wächst? Deshalb meinst Du dann, ich habe Dir nichts zu sagen. Warum sind Deine Gedanken nicht immer freundlich, wenn Du an mich denkst? Was tue ich denn, daß ich von Dir Zorn oder Enttäuschung verdiene? Meine Gedanken an Dich sind immer gut (sogar jetzt). Ach was, Du kannst mich.
Entweder lachst Du jetzt oder Du weinst. Aber wenn Du das zweite tust, dann schlage ich hier etwas zusammen vor Wut, eine Vase oder sonst was.«[45]
Naturgemäß ist dieser gesamte Briefwechsel randvoll mit banalen Sorgen des Alltags: Geldnot bei Mutter und Sohn, Problemen mit Inskription, Stipendien- und Gebührenermäßigung, Lohnsteuerbestätigung des Stiefvaters, Arbeits-Suche und Nachhilfe-Hoffnung des Studenten, Zimmermiete, Kohlenkauf, kaltes Zimmer, warmes Essen. Aus diesen Sätzen springt einen die Armut des Studenten Peter Handke direkt an. Als sozialgeschichtliche Dokumente enthüllen solche Briefe die karge Lebensform seiner Familie, einer dörflichen Arbeiterfamilie aus dem Unterkärntner Grenzgebiet. Den literarischen Begleittext dazu liest man im »Wunschlosen Unglück«:
»Beim Wort ›Armut‹ denke ich also immer: es war einmal;

und man hört es ja auch meist aus dem Mund von Personen, die es überstanden haben; als ein Wort aus der Kindheit; nicht ›Ich war arm‹, sondern ›Ich war ein Kind armer Leute‹.«[46] Und die Halbschwester Monika erzählt: »Die Eltern haben sich das Geld vom Mund abgespart, sie taten es umso lieber, als der Peter ihre Entbehrungen mit hervorragenden Schulnoten belohnte.«[47]

Nicht nur die Mutter, auch der von Peter geringgeschätzte Stiefvater unterstützten sein Studium durch Entbehrungen. Die Mutter war nicht in der Lage, die dürftigen Lebensbedingungen der Familie zu verbessern, sie sparte sich mühselig kleinere Geldbeträge ab, um sie dem geliebten Sohn zu schicken. Der Großvater steuerte monatlich Geldzuwendungen an den Enkel bei; der Enkel dankte ihm in Briefen, die der Empfänger manchmal falsch verstand. Manche Sätze waren ihm unverständlich. Es ist rührend, wie er mit einem Brief zur Tochter kommt, um sich des Sinns einzelner Sätze zu vergewissern.

Die Geldnot des Studenten ist in den ersten zwei Jahren seines Studiums sein quälendstes Problem: »Ich habe natürlich eine Menge Sorgen, aber wer hat keine Sorgen? Wenn ich abends allein nach Hause gehe, und die Stadt sehe mit den Lichtern und Leuten, dann bin ich eigentlich ganz glücklich. Wenn nur das verdammte Geld nicht wäre ... das heißt: Wenn es doch wäre, und zwar bei mir. Leider muß ich so materialistische Gedanken tragen; hoffentlich nicht für alle Zeiten.«[48]

Da Nachhilfestunden erst ab Dezember anfielen, wenn den Schülern die ersten schlechten Noten drohten, suchte Handke fieberhaft nach Arbeit, um seinem Geldmangel abzuhelfen. »Warum ich schreibe? Folgendes: Bringe erstens eine Lohnbestätigung und einen Lohnstreifen vom letzten Monat mit. Zweitens muß ich Dir etwas gestehen:

ich habe für den Monat November und einen Teil des Dezember Beschäftigung angenommen, 4 Stunden täglich; die erste Woche vormittags, dann am Nachmittag: u. zw. ... na ja, Du wirst ja alles Nähere am Sonntag erfahren ...«[49] Der erste Besuch der Mutter war nämlich angesagt. Er hatte eine Lohnarbeit im Großversandhaus Kastner & Öhler erhalten. Dort schnitt er täglich, vier Stunden lang, Kartons zu, bei wöchentlichem Wechsel zwischen Vormittag und Nachmittag, Bezahlung öS 220,— pro Woche. Die Arbeit bei Neonbeleuchtung verursachte ihm bald Augenschmerzen, war aber sonst nicht allzu schwer. Ein Arzt verschrieb ihm eine dunkle Brille; Jahre später sollte sie ein Markenzeichen seiner öffentlichen Auftritte werden. Gegen Weihnachten besserten Nachhilfestunden – in Latein und Griechisch – seine Finanzen etwas auf.

Die Briefe zeigen, als Charakterzug Peter Handkes, deutlich seine Freigebigkeit und Hilfsbereitschaft gegenüber Familienangehörigen und Freunden. So selbstverständlich wie er als armer Student seine monatlich versprochenen kleinen Summen bei Mutter und Ote einforderte, genauso zweigt er, von seinen ersten literarischen Honoraren schon, Zuwendungen an andere, vor allem an die Mutter und den kleinen Robert, ab.

Das beginnt schon vor dem Erscheinen der »Hornissen«. So schreibt er aus Varna, Bulgarien: »Liebe Mama, etwas noch: ich möchte auf jeden Fall, daß Du von mir die 600 Schilling nehmen wirst, die ich im September für irgendwelche Sachen vom Rundfunk kriegen werde! Sonst möchte ich das nicht tun. Das Geld für diese Sache werde ich ja leider erst einige Zeit später kriegen! Dann werde ich fein heraußen sein, aber diese 600 Schilling möchte ich Dir einmal auf jeden Fall geben.«[50] Später schickt er

Geschenke ins Haus nach Griffen, Geld für Mutters neuen Mantel, eine Waschmaschine, einen Fernseher, und er möchte jedesmal genau wissen, wie sich die einzelnen Geschwister darüber gefreut haben, um sich mitfreuen zu können. Von den ersten Honoraren an sind seine Briefe an die Mutter mit Geldsendungen gespickt: »Diesmal kann ich Dir nicht so viel mitschicken, ich habe nicht so viel bei mir, hundert Mark für den Fernseher, zwanzig Mark für einen Topf oder ein Tischtuch oder was. Jedenfalls möchte ich, daß Du etwas dafür kaufst, das ich dann auch sehen kann ...«[51]

»Du wirst vielleicht schon das Geld in dem Brief bemerkt haben, Du mußt Dich deswegen nicht genieren oder zieren, tust Du wohl auch nicht. Diesmal schicke ich es Dir auch aus eigenem Interesse. Wenn ich noch einmal nach Hause komme, möchte ich abends nicht immer so früh schlafen gehen oder nur lesen müssen. Deswegen hätte ich sehr gern, wenn Du mit dem Geld einen Fernsehapparat anzahlen könntest, das Geld für die Raten schicke ich Dir nach und nach, ich habe im Moment nicht so viel. Vielleicht ist der Apparat schon da, wenn ich Anfang März komme. Man muß ihn ja nicht immer gehen lassen, aber im Grunde ist er doch gut, ich wäre manchmal ganz gern besser informiert. Und wenn Dir die Augen weh tun, schalt ihn eben ab ...«[52]

»Ich möchte Dir gern 500 Mark schicken, vielleicht, ich sehe schwarz, werde ich es später nicht mehr können, und so ist es recht, endlich kann ich einmal eine Kleinigkeit tun ...«[53]

Die Erfahrungen seiner eigenen Kindheit ohne Geld möchte er dem Halbbruder Robert ersparen:

»Liebe Mama, eigentlich gibt es ja kaum was zu schreiben, aber weil ich mir vorgenommen habe, Dir, solange es jetzt geht, ab und zu etwas Geld zu schicken, schreibe ich doch einige Zeilen dazu. Bitte verwende das Geld, wie Du es magst, was über 600 Schilling ist, gehört dem Robert, es werden eh nicht mehr als 40 sein. Jetzt ist Winter, und Du wirst es sicher gebrauchen können, ich weiß ja, was für eine schlimme Zeit sonst immer der Winter war. Ich hoffe, Du hast auch wirklich die Wäscheschleuder oder wie das heißt gekauft. Daß der Robert ab und zu was bekommt, ist vielleicht ganz gut, ich kann mich an mich selber erinnern, ich war ganz gierig, Geld zu haben und etwas zu kaufen, wahrscheinlich, weil ich selten etwas gehabt habe, jetzt ist es doch schon etwas besser, ich habe die Kinder beneidet, die Geld vorzeigen konnten oder die das Geld nicht einmal vorzeigen mußten ...«[54]

Alfred Kolleritsch erzählte mir, von seinem ersten größeren Honorar habe ihm Handke einen Betrag für die »manuskripte« geschickt.

Am unmittelbarsten wirkt der Zwanzigjährige, den man noch nicht mit dem als öffentliche Person bekannten Schriftsteller von heute verwechseln darf, in seinen Einfällen; ob er über den Frühling räsoniert oder vom Abenteuer einer Ballnacht erzählt:

»Ja, was ist mit dem Frühling? Er läßt ein wenig auf sich warten, wenngleich das Schlimmste wohl überstanden ist. Doch noch immer kann es sein, daß beim Aufwachen mein Zimmer voll ist von Schneegeruch, wenn ich das Fenster am Abend offen ließ in der Hoffnung auf eine freundliche Nacht. Aber die unermüdlichen Vögel singen aus vollem Hals – sie setzen sich in Scharen ins öde Gesträuch und intonieren hier ihr Gelächter trotz Schmutz und Kälte – sie hocken einfach da – beharrlich, idiotisch und blind dem Schnee gegenüber, aber Gott weiß, vielleicht riechen sie gut oder hören die Sonne singen und brüllen zurück, in ihrer unnachahmlichen, frechen, hoffnungsvollen, hoffnungslosen Weise, herumhüpfend und tanzend und schwirrend im schneebedeckten Geäst, bis sich da und dort ein Klumpen Schnee löst und den Zweig hochschnellen läßt – und sie erschrekken darüber und flattern empor und kehren blind zurück und brüllen und hören die Sonne singen. So sind die Vögel zu dieser Zeit. Schon wieder bin ich ein bißchen vom Briefton abgekommen, doch ich glaube, es wäre ja so oder so nichts Besseres draus geworden ...«[55]

Oder folgende Geschichte:

»...Ich schreibe den Brief in einem Café. Furchtbar müde bin ich; gestern hat mich ein Mädchen mitgezerrt zu einem Ball, ich bin dagesessen, alles hat sich zusammengepreßt, ich bekam wieder Hunger und Ekel, ich sagte, ich möchte weggehn. Sie ging also mit in ein Lokal, wo man reden kann, ohne daß einer den andern versteht, so laut ist es. Es war mir kalt; müde war ich. Wollen wir gehen, sagte ich. Ja, wir gingen. Ich brachte sie nach Hause, ich wußte nichts zu reden mit ihr. Einmal hatte sie mich gefragt, ob ich aus innerer Berufung schreibe oder nur so. Was soll ich drauf sagen, sagte ich. Ich sagte also nichts. Ich konnte ja nicht einmal lachen darüber; das war so ein schweres ernstes Mädchen, ich konnte mich nicht über sie belustigen. Also ich brachte sie nach Hause und ging dann zurück fast durch die ganze Stadt von drei bis vier Uhr in der Nacht. Einmal hielt mich ein Polizist auf und fragte, ob ich schon einundzwanzig sei. Was, sagte ich. Er fragte mich, ob ich schon achtzehn sei. Nein, sagte ich. Er verlangte einen Ausweis. Ich zeigte ihm den Ausweis, und er unterhielt sich mit mir, oder auch nicht; ich hörte zu, wie er mich fragte, und hörte zu, wie ich ihm die Antworten gab. Sicher war ihm kalt und langweilig. Ich ging dann weiter und weiter und weiter; dann bin ich über ein Feld gegangen, dann gehe ich über ein Feld durch den Schnee zum Teufel jetzt höre ich zu schreiben auf ich bin so müd der Kopf rollt mir herum wenn ich aufschaue. Ich werde nach Hause fahren und schlafen gehen. Am vorigen Sonntag bin ich auf einen Berg gegangen und habe dort Schnee gegessen. Morgen ist auch Sonntag, glaub ich. Wirklich, ich weiß nichts. In der nächsten Woche fahr ich vielleicht nach Wien. In der übernächsten Woche fahr ich vielleicht nicht nach Wien. Und jetzt höre ich auf zu schreiben.«[56]

Das Jus-Studium hat den Studenten, der seit frühester Kindheit nur Schriftsteller werden wollte, sicher nicht ausgefüllt, schon gar nicht fasziniert. Trotzdem entstammen manche seiner frühen Texte unmittelbar dem Gedankenfeld der Jurisprudenz. Kurztexte wie »Das Standrecht«, »Prüfungsfrage 1«, »Prüfungsfrage 2«, »Augenzeugenbericht« oder die juridische Protokolldiktion in »Lebensbeschreibung« sind spürbar davon angeregt.

Wie der Autor eine solche juridische Anregung literarisch umsetzt, erläutert er selbst:

»Vor einigen Jahren fand ich in einem Strafgesetzbuch des Gesetz über das Standrecht. Darin wurde in der Form von Paragraphen festgesetzt, unter welchen Voraussetzungen das Standrecht über ein Gebiet zu verhängen sei, wie das Gericht sich zusammenzusetzen habe, wie es vorzugehen habe, welche Rechtsmittel dem Angeklagten zustünden, welche Strafe im Standrecht verhängt werde (der Tod), was nach der Urteilsverkündung zu geschehen habe (zwei Stunden nach Urteilsverkündung ist das Urteil zu vollstrecken, auf besonderes Bitten des Verurteilten ist diesem noch eine dritte Stunde zu seiner Vorbereitung auf den Tod zu gewähren), wie das Urteil vollzogen werde, was nach eingetretenem Tod zu geschehen habe. Die abstrahierende Form der Darstellung eines ritualisierten Sterbens nahm mich gefangen. Die Folgerichtigkeit der Sätze, die im Grunde immer Bedingungssätze für eine konkret zu denkende Wirklichkeit waren, das heißt, anzuwenden, wenn der in ihnen angegebene Tatbestand in Wirklichkeit zutraf, erschien mir äußerst bedrohlich und beklemmend. Die abstrakten Sätze, die von keinem konkreten Sterben erzählten, zeigten mir trotzdem eine neue Möglichkeit, die Phänomene des Sterbens und des Todes zu sehen. Sie änderten meine früheren Denkgewohnheiten über die literarische Darstellung von Sterben und Tod, sie änderten überhaupt meine Denkgewohnheiten über Sterben und Tod. Ich schrieb damals einen Text, der die Methode des Gesetzestextes in die Literatur übernahm, ja, der in einigen Sätzen sogar aus dem authentischen Gesetzestext bestand.«[57]

Immerhin hegte Handke gewisse Erwartungen im Hinblick auf das Studium, als er seine erste Vorlesung aus »Österreichischer Verfassungs- und Verwaltungsgeschichte« am 20. Oktober 1961 besuchte. Unter dem frischen Eindruck davon schreibt er noch am gleichen Tag in seinem ersten Brief nach Griffen: »Nun, vorgestern haben erst die richtigen Vorlesungen begonnen, und zwar mit Kirchenrecht; heute fand die erste Vorlesung aus ›Österreichischer Verfassungs- und Verwaltungsgeschichte‹ statt; es ist hundslangweilig; aber ich werde es zu ertragen wissen; warum auch nicht?«[58] Die tiefe Enttäuschung über das fehlende Engagement und die mangelnde Identifikation der Universitätsprofessoren kritisiert Handke im »Versuch über die Müdigkeit« (1989): »Die Müdigkeit in den Hörsälen ließ mich mit den Stunden im Gegenteil sogar aufsässig oder aufbegehrend werden. Es war in der Regel weniger die schlechte Luft und das Zusammengezwängtsein der Studentenhunderte als die Nichtteilnahme der Vortragenden an dem Stoff, der doch der ihre sein sollte. Nie wieder habe ich von ihrer Sache so unbeseelte Menschen erlebt wie jene Professoren und Dozenten der Universität ...«[59] Immer wieder taucht in den Briefen das schlechte Gewissen des Studenten wegen seiner Lernversäumnisse auf: »Heute schreibe ich überhaupt nur nichtssagendes Zeug, obwohl ich eigentlich gar keine Zeit habe und tief und fleißig lernen sollte. Aber meist lerne ich wirklich vier bis fünf Stunden am Tag; ab und zu drei, und manchmal nur zwei, und die nicht einmal intensiv. Störend ist natürlich das Stundengeben 3 mal in der Woche; dadurch wird der Nachmittag zerrissen, und man fängt vorher nicht richtig an und kommt nachher erst nach langem Trödeln wieder hinein; gestern zum Beispiel hatte ich bis zehn (22.00 Uhr) nur eine Stunde gelernt; doch dann lernte ich noch bis Mitternacht, und es ging ganz gut vorwärts – vielleicht sollte ich wirklich nur in der Nacht lernen ...«[60] Die handschriftlichen Notizen in seinen juridischen Skripten sind die üblichen Denkhilfen, Zusammenfassungen und markanten Hervorhebungen wichtiger Aspekte.

Pflichtlehrveranstaltungen besuchte Handke zunehmend lustlos, aber regelmäßig. Vor Prüfungen lernte er meist konsequent täglich etliche Stunden, die übrige Freizeit füllten damals schon ausgedehnte Spaziergänge, häufige Kinobesuche und vor allem stundenlange Lektüre. Obwohl er im allgemeinen das Studieren locker nahm, sind seine Prüfungsleistungen beachtlich. Das Meldungsbuch dokumentiert: »Einführung in die Grundbegriffe des Staates und Rechts am 7. 3. 1962, gut; – Rechtshistorische Staatsprüfung mit Auszeichnung aus Römischem

Recht und Kirchenrecht am 5. 11. 1962, gut; – Pflichtkolloquium aus Rechtsphilosophie am 20. 6. 1963, ausgezeichnet; – Judizielle Staatsprüfung am 16. 4. 1964, gut; – Judizielles Rigorosum am 23. 4. 1964, gut.

Voll hintergründigem Humor und doch der Mutter in Dankbarkeit verpflichtet, wirkt seine Mitteilung: »Leider muß ich Dich diesmal ein wenig enttäuschen. Die Prüfung, von der ich schrieb, ging weiß Gott nicht übermäßig, und zwar wohl dadurch, daß ich vor Weihnachten so viele Vorlesungen versäumte – und das soll keine schlechte Ausrede sein, ich war wirklich am Morgen meist zu müde dazu – und so kam es also, daß ich sie – die Prüfung – nur mit ›gut‹ bestanden habe. Naja, ich hoffe herzlich, Du wirst diesen ungemein schweren Schlag überleben.«[61]

Träume bedeuten in diesen Briefen viel, Träume der Mutter und Träume des Sohnes. Die Mutter wird von Traumbildern gepeinigt, wenn der Sohn längere Zeit nicht schreibt. Sorgenvoll bedrängt sie ihn mit Fragen, weil ihn ihr nachts soeben ein Alptraum in Not und Bedrängnis zeigte. Das Anvertrauen von Traumbildern zeugt von der engen emotionalen Bindung zwischen Mutter und Sohn.

Einen wertvollen Schlüsseltext für den Menschen und Künstler Peter Handke bildet jener Traum, in dem er sich, auf seltsame Weise, mit Onkel Gregor identisch weiß. Dieser Traum präfiguriert ein Kernthema des Romans »Die Hornissen« (1966). Kurz vor diesem Traumbrief schreibt er seiner Mutter, er habe Onkel Gregors Feldpostbriefe zu Ende gelesen und werde sie ihr schicken. Die Lektüre habe tiefen Eindruck auf ihn gemacht, und wörtlich:

»Könnte man noch so wie er die Welt eine verfluchte nennen und daneben trotzdem Sehnsucht haben nach einem Unsagbaren, das für ihn eben die Heimkehr war!

13.1.63.

Liebe Mama, heute habe ich einen sehr seltsamen Traum gehabt: es war schon am Morgen, ich lag da mit dem Gesicht auf dem Polster, so träumte ich, und zwar von Onkel Gregor. Meist ist es doch so, daß man in einem Traum selber vorkommt (oder es ist sogar immer so), aber diesmal war das anders, ich träumte nur von ihm, sonst von keinen Menschen, das heißt, sonst war niemand im Traum sichtbar. Wenn ich sage, daß ich selber nicht in dem Traum war, dann ist das vielleicht auch nicht richtig; ich war vielmehr Onkel Gregor, ich meine damit: alles, was ihm widerfuhr, das erlebte ich an mir; ganz unbeschreiblich war das. Ich träumte also, daß er im Freien schlief, es mußte Krieg sein. Ich sah zwar nichts davon, daß Krieg war, aber ich war ganz überzeugt davon. Er erwachte also in dem Feldlager und warf die Decke weg. Dann überlegte er, wie lange er geschlafen hatte: Obwohl es Nachmittag war, war der Himmel nicht zu sehen. Es war also gar kein Himmel zu sehen. Da fiel ihm ein, er hatte noch eine Stunde und vierzig Minuten frei zum Schlafen. Während um ihn herum unsichtbare Soldaten saßen und über ihr Eßgeschirr gebeugt waren, war es weiter weg völlig ruhig; aber es war Krieg. Er stand nun auf und ging auf den Waldrand zu. Er wollte desertieren, das begriff ich, denn ich war an seiner Stelle, und es war kein Unterschied zwischen uns. Er hatte noch eine Stunde und vierzig Minuten Zeit, die ihm zum Schlafen gegeben war: die wollte er ausnützen. Schon unter den Bäumen blickte er sich um: die unsichtbaren Soldaten lärmten unbekümmert im Lager, er hatte ja das Recht zu schlafen, also konnten sie ihm nichts verwehren. Als er dann mitten im Wald vorsichtig hinhuschte, fiel ihm ein, daß er auf einer Lichtung, die sich gegen ein Feld eröffnete, auf jemanden warten müsse.

h

P. H., Brief vom 13. 1. 1963

Und könnte man von Gott sprechen als Trost (oder wie man es nennen soll) und fröhlich sein und kindlich sein ohne Hintergedanken! Wer überhaupt kann das heute noch? Verdammte schöne arme Welt, sagte er. In der Straßenbahn sah ich einmal einen fetten alten Bauchknaben; er war ein unsympathischer Bursche mit Alkoholstimme und versteinerten Augen, aber dann sagte er zu seinem Nachbar (der so war wie er, nur mager): ›Teufel, weg von da möcht ich trotzdem noch nicht, es ist doch nirgends so schön wie auf der Welt‹. Das sagte er, ein verlebter, stinkender alter Mann.«[62]

Der Traum von Onkel Gregor, dessen Erzählung Handke bedeutsam einen ganzen Brief widmet, ist aus vielen Blickwinkeln seiner künstlerischen Entwicklung von besonderer Aussagekraft: Hier einmal die Originalfassung:

»Liebe Mama, heute habe ich einen sehr seltsamen Traum gehabt: es war schon am Morgen, ich lag da mit dem Gesicht auf dem Polster, so träumte ich, und zwar von Onkel Gregor. Meist ist es doch so, daß man in einem Traum selber vorkommt (oder es ist sogar immer so), aber diesmal war das anders, ich träumte nur von ihm, sonst von keinem Menschen, das heißt, sonst war niemand im Traum sichtbar. Wenn ich sage, daß ich selber nicht in dem Traum war, dann ist das vielleicht auch nicht richtig; ich war vielmehr Onkel Gregor, ich meine damit: alles, was ihm widerfuhr, das erlebte ich an mir, ganz unbeschreiblich war das. Ich träumte also, daß er im Freien schlief, es mußte Krieg sein. Ich sah zwar nichts davon, daß Krieg war, aber ich war ganz überzeugt davon. Er erwachte also in dem Feldlager und warf die Decke weg. Dann überlegte er, wie lange er geschlafen hatte: Obwohl es Nachmittag war, war der Himmel nicht zu sehen. Es war also gar kein Himmel zu sehen. Da fiel ihm ein, er hatte noch eine Stunde und vierzig Minuten frei zum Schlafen. Während nun um ihn herum unsichtbar Soldaten saßen und über ihr Eßgeschirr gebeugt waren, war es weiter weg völlig ruhig: aber es war Krieg. Er stand nun auf und ging auf den Waldrand zu. Er wollte desertieren, das begriff ich, denn ich war an seiner Stelle, und es war kein Unterschied zwischen uns. Er hatte noch eine Stunde und vierzig Minuten Zeit, die ihm zum Schlafen gegeben war: die wollte er ausnützen. Schon unter den Bäumen blickte er sich um: die unsichtbaren Soldaten lärmten unbekümmert im Lager, er hatte ja das Recht zu schlafen, also konnten sie ihm nichts verwehren. Als er dann mitten im Wald vorsichtig hinhuschte, fiel ihm ein, daß er auf einer Lichtung, die sich gegen ein Feld eröffnete, auf jemanden warten müsse. Ganz sicher würde dort einer kommen zwischen den Farnen und hohen Stauden hervor und von weitem schon lachen im Herbeilaufen und mit ihm würde er über das weite Feld gehen, obwohl es verboten war. Das fiel ihm ein so mitten im Wald. Dann wurden seine Füße schwer gegen die Lichtung zu, und Angst ergriff ihn: hinter ihm war jedoch niemand. Ich erinnere mich noch: es mußte auch geregnet haben, denn die Spuren seiner Schuhe waren dunkel eingedrückt in einem feuchten Schlamm, als wollten sie ihn verraten. Er kam nun in die Lichtung und schaute sofort nach links zu den Farnen und kleinen Büschen hin, in denen der Wald auslief; im gleichen Augenblick wußte er, daß es sein Bruder Hans war, der mit ihm gehen sollte. In dem fahlen Licht, welches von den Bäumen her kam, blieb aber alles wie es war. Niemand kam ihm entgegen. Da geschah das Seltsame: indem er die Augen emporriß zur anderen Seite (er schien nicht halbblind zu sein), kam ihm der Himmel entgegen wie eine hohe auftürmende Welle über das weite

Feld her; es war, wie wenn Du arglos ein Fenster aufmachst, und plötzlich fährt Dir der Wind ins Gesicht. Der Himmel aber war ganz blau, mit langen schneeweißen Wolken durchzogen, die waren wie Bomber. Da faßte ihn ein Jammer und schüttelte seinen ganzen Körper. Es war ja Krieg, dachte ich. Gleich als ich erwachte, fiel mir ein, das muß ich Dir in einem Brief heute schreiben. Ich überlegte alles noch einmal von Anfang bis Ende, um nichts zu vergessen, aber auch um nichts zu erfinden, und was an Vergleichen in dem erzählten Traum ist, das schrieb ich nur zum Veranschaulichen, sonst ist es so, wie es in mir war.«[63]

Der Name »Gregor«, den Handke häufig in seinen Werken wählt, entstammt seiner Autobiographie: »Mein Großvater, ein Bruder meiner Mutter, alle heißen sie Gregor« ... »und weil es in Kärnten so viele Gregors gibt«, so Handke zu Olga Obry in einem »Presse«-Gespräch, greift er literarisch oft diesen Namen auf. »Gregor Benedikt« heißt der Erzähler und Protagonist seines ersten Romans »Die Hornissen« (1966); »Gregor Kobal« jener in der »Wiederholung« (1986). Beide Werke holen tief in Handkes Kärntner Kindheit aus. »Gregor Keuschnig« heißt der Held in der »Stunde der wahren Empfindung« (1975); beide Namenteile weisen wieder ins Autobiographische und nicht, wie viele Kritiker meinten, auf Franz Kafkas »Gregor Samsa«. Der Familienname wirkt wie eine Metaphorisierung von Handkes Herkunft, er bezeichnet sich gerne als »Kleinhäuslersohn«: »Keusche« bedeutet Hütte, und die slawische Endung -nig ist in Kärntner Familiennamen verbreitet. Im dramatischen Gedicht »Über die Dörfer« (1981) heißt der ›Stellvertreter‹ des Autors »Gregor«, im »Kurzen Brief zum langen Abschied« (1972) der Bruder des Erzählers. Handkes

Halbbruder heißt tatsächlich Hans Gregor. Immer wenn er thematisch an seine Kindheit streift, erscheint der Name »Gregor« in einer fiktiven Person verkörpert. Handkes Großvater Gregor Siutz war die beherrschende Vaterfigur seiner Kindheit und Jugend. Ihm wurde sein ältester Sohn nachgetauft, der Bruder von Handkes Mutter. Der auf der Krim vermißte Onkel Gregor war offiziell Peters Taufpate; er schrieb so schöne Feldpostbriefe nach Hause, daß sie in der Familie reihum immer wieder gelesen wurden. Dies tat auch der junge Handke, als er in Graz studierte; dadurch wurde ihm Onkel Gregor zum Künstler-Vorbild in der eigenen Genealogie.

Aber nicht nur Themen werden in diesen Briefen faßbar, auch die Atmosphäre jener Jahre, die den Schreiber in Graz umgab. Ein Brief aus der Fülle, fast beliebig herausgegriffen, vermag so vom Lebenshabitus seines jugendlichen Schreibers viel zu zeigen. Durch die sprachspielerische Struktur hindurch schimmert Humor. Der Sprecher bleibt hautnah und simuliert wiederholt die unmittelbare Gesprächssituation mit dem Partner. Eine Eigenart von Handkes Briefen bildet, auch heute noch, eine besondere sinnliche Vergegenwärtigung des Schreibaugenblicks; dann Sprachwitz, Rhetorik und aufblitzende Einfälle, in rascher Bezugspointe. Kritische Beobachtung und Detailschärfe, die sein späteres literarisches Schreiben kennzeichnen, zielen etwa auf die Schloßberggestaltung. Sich selbst im Achtjährigen zu erkennen, ist ein wiederkehrender Gedanke, der sich variiert auch in anderen Briefen findet; häufig begleitet von einer Instanz distanzierter Selbstbeobachtung:

»Liebe Mama, so geht es halt, daß man nicht zum Schreiben kommt: jetzt sind es schon fast drei Wochen her seit meinem letzten Brief. Dazwischen ist nicht viel geschehen

bei mir, außer daß ich nach Wien gefahren bin vor 14 Tagen. Aber auch darüber gibt es kaum was zu schreiben, das Dich irgendwie anrühren könnte. Kalt wars, und geregnet hat es ab und zu, und immer ist dort ein arger Wind in den Straßen, der einen einsperrt. In der nächsten Woche wird Reinhold wohl zu mir kommen zu Revanche. Es fällt mir nichts ein, das ich für den Brief verwenden kann: das Feld ist bestellt, das Gras ist gemäht, die Kühe sind gemolken. Oder was soll ich schreiben? Wie es Dir wohl geht jetzt; (ich meine, da ich das schreibe)? Bist Du wieder gesund? Hat eine Hasenfrau Junge gekriegt? Ist das Gras bestellt? Sind die Kühe gemäht? Ist das Feld gemolken?
Also so kann man natürlich keinen vernünftigen Brief schreiben, das sehe ich ein. Soll ich Dir erzählen, was ich getan habe in den letzten Tagen? Ja? Nein? Jetzt habe ich nachgedacht eine ganze Zeit lang mit dem Kuli im Mund. Tropfen fallen zögernd von den oberen Blättern des Baumes auf die untern. Eigentlich habe ich nichts getan in der vergangenen Woche. Traurig war ich vielleicht manchmal, aber das kommt ja und geht, und heute zum Beispiel bin ich schon wieder so halbwegs am Leben. Am Muttertag, da hab ich mir überlegt, was ich Dir schreiben soll, und ob Du gekränkt bist über mich. Ich war den ganzen Tag allein im Haus. Es war ziemlich heiß, und ich war eingefangen in der Öde da und saß im Garten herum und las vielleicht einen Kriminalroman, und dann noch ein Buch und dann noch eins. Zwischendurch, da trank ich Wasser aus dem Brunnen im Garten und ging herum im Gras wie umklammert am ganzen Körper: da kann man natürlich nicht Briefe schreiben. Und ringsherum – was wollte ich jetzt schreiben? also: und ringsherum blüht das alles und duftet und singt oder wie man das nennen soll;

aber manchmal ist auch das beschwerlich für einen und macht einen trauriger als ein Unglück. Ja

Auf dem Schloßberg war ich auch in der vergangenen Woche einmal. Alles haben sie da in schöne Ordnung gebracht, und zahm wächst das Gebüsch, als ob es Angst hätte vor seiner eigenen Wildnis. Natürlich: Stiefmütterchen in schönen Beeten, abgestimmt in den Farben, Bänke hier und nicht hier, Flieder, der nicht gebrochen werden darf, weiße Steine in Reihen ausgelegt, ganz grünes Gras um die sauberen Wege und saubere Männer, die sauberen Mädchen nachsteigen. Warum schreib ich das bloß? Jetzt, wie ich nachdenke, fällt mir was ein: Ganz oben steht ein Haus, das noch nicht öffentlich ist wie die Kirche da oder der Uhrturm oder das Restaurant, also eins, in dem vielleicht auch Hasen sind und Katzen und ein Hund. Ich meine: ein privates Haus. Da spielte ein kleiner Bub Ball mit sich allein, indem er ihn immer wieder gegen eine Steinmauer schoß. Ich dachte, so könnte ich ausgesehen haben, wie ich acht Jahre alt war. Und wie er mich so ab und zu anschaute ganz schnell von der Seite her, wenn er gerade gut getroffen hatte – und wie ein andrer jetzt froh ist, daß er das Maul halten kann, das soll nicht beschrieben werden«.[64]

Eine solche Doppelgänger-Vorstellung läßt an das Phänomen von Ich-Fremdheit und Selbst-Distanz denken; dazu ein Erlebnis, das auf den Briefpartner bezogen wird: »Früher, wie ich noch in die Volksschule ging, da habe ich oft gedacht, wenn ich mit einem zusammen war: Komisch, da ist der und redet mit mir und schaut mich an, und er sitzt da in seinen Kleidern, und er ist doch ganz was Fremdes und außerhalb von mir in einem unbekannten Land. Ich bin da, und er ist dort, und wir reden miteinander und lachen und das alles, aber ich bin ich, und er ist er, und wir kommen von ganz anderen Orten und können gar nicht anders. Das kam mir immer furchtbar vor. Auch bei Dir kam es vor, und bei Dir am meisten: wie sie da geht und die Nudeln schneidet, dachte ich vielleicht, und wie sie mir ein Brot gibt, das ist so fremd alles. Daß ich nicht an Deiner Stelle sein konnte und Du nicht an meiner, das schien mir unbegreiflich.«[65]

Das um 1963 signalisierte literarische Bewußtsein Peter Handkes scheint auch die Briefe ab dieser Zeit zu verändern. Sie sind druckreife sprachliche Äußerungen des einundzwanzigjährigen Autors geworden. Das Problem der Einfallslosigkeit wird nun als sprachtheoretischer Exkurs durchgespielt: »Liebe Mama, immer ist es gleich, wenn ich einen Brief anfange, daß ich nicht weiß, was ich schreiben soll. Es gibt ja viele Worte, die einem auf der Zunge sind und die herunterlaufen ohne Gedanken in einem Schema, doch mit der Zeit kommt man drauf, daß sie leer sind; sie meinen nicht mehr das, was sie bezeichnen, weil nichts dabei ist außer der Hand, wenn sie geschrieben werden. Deshalb ist es immer schwer, einen Brief zu schreiben, der kein geschäftlicher sein soll, sondern ein anderer. Je länger man aufwächst, desto mehr sind einem schon alle Worte und Wendungen der Sprache eingebaut, und man braucht nur ein bestimmtes Ziel zu haben, das man mit dem Schreiben oder Sprechen erreichen soll, und schon fahren die Worte selber dahin, ohne Widerstand zu finden an etwas: ich meine, sie werden glatt und berühren nichts, Du schluckst sie dann, ohne sie zu spüren ...«[66]

Noch eine Eigenart Handkes kündigt sich in diesen Briefen an, seine Landschafts- und Situationsbeschreibungen: »Ich verbrachte die Ostern sehr gut und schön; da das Wetter wunderbar war, fuhr ich jeden Tag fort und kam erst am Abend zurück. Ich fuhr nach Südosten aus der Stadt und immer weiter, bis ich zur Mur kam, und dort bog ich von der Straße ab und fuhr hinunter zum Fluß, der Hochwasser führte. Es gibt dort neben der Mur – 15 km außerhalb von Graz – einen schmalen, grasüberwachsenen Weg. Auf diesem fuhr ich eine Weile dahin, den Fluß abwärts, und als ich nichts mehr von der Straße und der Brücke sehen konnte, stellte ich das Rad ab und setzte mich ins Gras ans Ufer des Flusses und schaute ihm zu. Hinter mir neben dem Weg standen eine Menge Erlen, die gerade die ersten Blätter bekamen, und einige Föhren wie dunkle Räuber unter den vielen hellen Bäumen – und es blühten weiß wie Sterne die Buschwindröschen und kreisten im Wind um sich selbst, – und Veilchen, eine Unmenge von Veilchen, die ihren Duft mit dem schlammigen Geruch der Mur vermischten; und ich saß da und schaute allem zu: wie das kahle Schilf, das der Herbst einsam hier verlassen hatte, in seichtem Wasser stand und sang, und ich hörte, wie es sang und plötzlich verstummte und wie es von neuem zu singen begann, weder laut noch leise, sondern einfach immerzu wie ein Chor von aneinandergebundenen blinden betrunkenen alten Männern, die keine Worte mehr formen können, sondern nur an einem Ort hin und herschwanken und mit den schwerfälligen Zungen sirren und summen – einfach so, verstehst Du? Ich war bis heute schon sechsmal dort; ich habe auch versucht, am Flußufer zu lernen.«[67]

Selbst diese Schilderung eines Sonntagsausflugs an die Mur verrät ungewollt die Einsamkeit Peter Handkes in seiner Studentenzeit; solche Tage allein belegen die Briefe etwa bis Ende 1963. Seine Verlassenheit an langen Sonntagen, die er in seinem Zimmer verbringt, permanent lesend, Platten hörend, selbstverständlich die geliebten

Beatles; dann noch ins Nonstopkino, damit überhaupt etwas geschieht.
Handke begeisterte sich damals für die Rockmusik, vor allem die Beatles, die er in Feuilletons als neues Erlebnis feiert: »Partei ergriffen wird für die Beatles, und nicht nur für diese vier Jungen aus Liverpool, welche durch ihre Musik, durch ihr Gehaben, durch ihre Art, zu leben und sich zu geben, die Erde unsicher gemacht haben, sondern auch für die, welche durch die Beatles sich unsicher machen ließen. Denn es gehört Unbeschwertheit dazu, die Fähigkeit, ausgelassen zu sein, Vorurteilslosigkeit, Aufgeschlossenheit; Unbefangenheit, Lebhaftigkeit, Unruhe; andererseits, als Reaktionen, Widerwille gegen einen scheinbar unveränderlichen Lebenszustand, Trotz, Ungehorsam und die vielzitierte Langeweile. Viele von denen sogar, denen es angenehm ist, die Beatles zu sehen oder sie anzuhören, brauchen von ihnen nicht erst unsicher gemacht zu werden, weil sie ihrer selbst und ihrer Sache zuvor schon nicht sicher gewesen sind.«[68] In diesen Feuilletons über Rockmusik, Werbung, James Bond und Zirkus spürt man die Zeit von damals als Wende und emotionalen Aufbruch. Selbst Äußerlichkeiten förderten dieses neue Gefühl: »Die Beatles-Stiefel trage ich ununterbrochen, das gibt mir ein großes Selbstbewußtsein«, schreibt er am 31. Jänner 1965 seiner Mutter.
Noch eine Eigenheit bestimmte sein damaliges Leben. Er war ein passionierter Kinogeher, ein unersättlicher Konsument von Filmen, oft bis dreimal am Tag. Das half ihm allerdings, bei seiner Bewußtheit der Beobachtung, ein besonderes Auge für die bildmäßigen Verfahren, die Machart von Filmszenen und Filmsequenzen, die Filmsprache überhaupt zu entwickeln. Irgendwo liegen hier die Ursprünge für manches Schreibverfahren Handkes,

aber auch die gedanklichen Anfänge für seine eigene Film- und Regiearbeit der späteren Jahre. Handke führte Regie in den Filmen »Die linkshändige Frau« mit Edith Clever und »Das Mal des Todes« mit Marie Colbin.
Im Sommer 1992 drehte er, nach eigenem Drehbuch, den Film »Die Abwesenheit« an Schauplätzen in Frankreich und Spanien. Ohne dieses Vorwissen wären aber auch Texte wie »Falsche Bewegung« oder »Die Chronik der laufenden Ereignisse« und andere völlig undenkbar.
Auch Szenen, die er in Briefen an seine Mutter beschreibt, muten wie Fingerübungen zu späteren Texten an. Besondere Gewohnheiten des jungen Autors, die Vorlieben seiner späteren Lebensführung werden, klingen hier schon an: das Wandern in der Natur per Rad, das stundenlange Gehen allein, detailliertes Beobachten von Natur und Menschen sowie sprachliche Notizen darüber. Auffällig dabei ist die präzise Beachtung der Perspektive, die Vorliebe für die Peripherie (am Rande der Stadt) und Szenisches, das bei diesem Briefbeispiel an den Text »Über den Tod eines Fremden« denken läßt:
»Ich sitze auf einer Betonmauer, meine Beine baumeln herunter an ihrem Ende: da unter mir geht die Mur; innen ist die Mauer hohl, ein Kanal fließt durch und mündet gerade unter meinen Füßen (eineinhalb m) in den Fluß mit weißem Schmutz wie Abwaschwasser. Die Mauer mußt Du Dir so vorstellen: quer zum Lauf des Ufers, zehn Meter lang, eineinhalb m breit, oben leicht gewölbt, an den Seiten aber senkrecht abfallend, am andern Ende gräbt sie sich ein in die Böschung und verschwindet unter der Erde: dort führt ein Steig durch das Gras empor zur Höhe der Böschung. Oben steht mein Rad vor dem Himmel; Bäume sind dahinter kaum, nur eine ebene Grasfläche mit Büschen und Resten von vielen einbetonierten

Fundamenten; und eine Menge Löcher sind in der Erde, zu denen Steinstufen hinunterführen, vielleicht waren das Luftschutzanlagen. Grün schillerndes Wasser bedeckt den Boden. Wenn ich mich halb zur Seite drehe, so daß ich in die Richtung der Sonne schaue, in die der Fluß geht (nur nicht hinauf), sehe ich drei Kombiwagen auf der Höhe der Böschung vielleicht 50 Meter von mir; sie haben ein niederösterreichisches Kennzeichen; vorn im Gras um einen kleinen Tisch sitzen vier Männer und spielen Karten; halb verdeckt werden sie ab und zu von drei Frauen, die an dem einen Wagen stehen, zwei gelehnt an die offene Tür, und in das Innere schauen, während sie miteinander sprechen. Das ist zu erkennen an der Bewegung ihrer Köpfe; zu hören ist gar nichts, weil ich zu nah am Fluß bin. Ein Zelt haben sie auch aufgestellt, und Wäsche hängt zwischen zwei Büschen, die war schon gestern da, als ich vorbeifuhr. Hier ist der äußerste Rand der Stadt, Häuser sind keine zu sehen von meinem Ort, nur diese Autos mit den Zigeunern, und auf der Grasfläche dahinter gibt es weit in den Büschen drin eine Behausung wie eine Hundshütte: es ist ja auch ein Hund da, der hat mich früher nicht näher kommen lassen. Jetzt ist ein Mensch angekommen, ein alter: er steht auf der Böschung vor dem Himmel, in der Mitte der Strecke, die von meinem Rad geht zu den Zigeunern hin; einen Stock hält er und schaut eine Zeit auf den Fluß hinunter, wo die Sonne ist; jetzt geht er wieder; dafür kommt ein kleiner Junge her von den Zigeunern mit einem Hut und schaut mich gleichmütig an im Vorbeigehen, bevor er hinter der Böschung verschwindet. Also das ist wohl genug. Ich möchte nur noch sagen, daß ich vielleicht nächste Woche wieder nach Wien fahre, und was noch? – daß ich mich freuen würde, bald usw. Hast Du die Dämonen schon?«[69]

Es wäre müßig, hier zu interpretieren. Der Text ist ein Dokument vom Leben des Zwanzigjährigen, das, in eigenen Worten, seine Gemütslage, seine Beobachtungsweise, sein Weltbild nachempfindet.
Obwohl Peter Handke in allen Klassen des Gymnasiums Vorzugsschüler war, wäre es falsch, den Universitätsstudenten zum blinden »Streber« zu stempeln. Zu sehr lag ihm das Schreiben am Herzen. Daß ihn, wie andere, manchmal das pure »Prüfungsgrausen« packte, verwundert nicht: »Vorgestern war die zweite Staatsprüfung, von der müßte ich jetzt schreiben. Oder soll ich nicht schreiben. Es war eigentlich sehr zum Wundern (daß ich durchgekommen bin). Am Tag vorher hab ich in den Prüfungsräumen zugehört, wie andere geprüft wurden: da hätte mir zum ersten Mal das Grausen aufsteigen können; und es ist mir auch aufgestiegen bis in den Kopf, der sowieso leer genug war und Platz hatte für solche Gefühle: ich merkte nämlich, daß ich ziemlich unwissend war. Mir war ganz heiß im Gesicht und unter den Achseln. Aber dann schaute ich mir doch in einem Kaffeehaus im Fernsehen einen alten berühmten Film an und kam nach 11 Uhr in der Nacht nach Hause. Ich zog also den Wecker auf, stellte ihn auf kurz nach fünf Uhr und legte mich mit einem Sausen und Herzklopfen ins Bett, die Hefte, aus denen ich noch lernen wollte, auf den angezogenen Knien. Und dabei war ich müde wie in einem Frühjahr. Ich raste also mit den Augen und dem Gehirn durch die Seiten und lernte heftig bis eins; dann machte ich das Fenster auf, zog die Rolläden hinauf, damit ich in der Früh aufwachte, und versuchte gar sehr einzuschlafen; das kam aber erst um zwei; und um vier erwachte ich wieder, als hätte ich ein Jahr geschlafen, und es war sehr kalt im Zimmer. Ich zog den Vorhang vor, knipste das Licht an und lernte

weiter bis halb 7; um halb 9 fing dann die Prüfung an. Ich muß aber noch sagen, daß ich die ganzen Tage und Wochen vorher fast nichts getan habe, und das ist keine Lüge. Ja, eine Buchbesprechung habe ich gemacht für den Rundfunk in der Woche vor Ostern, und eine Menge von Büchern hab ich gekauft und die meisten auch schon gelesen. Vier Stunden bin ich dann hungrig neben fünf anderen in dem Raum gesessen, sehr feierlich in einem Anzug und mit der Krawatte, von der ich das eine Ende zwischen den Gürtel gesteckt habe, (am anderen Ende kaute ich herum, wenn ich grad keinen Kaugummi hatte, oder wenn ich nicht gerade etwas gefragt wurde). Aber irgendwie bin ich durchgekommen, und das hat mich sehr gefreut, vor allem, weil ich so wenig dafür getan habe und so viele andere Dinge: mit einheitlich gutem Erfolg; wenn ich aber in der Nacht vorher es nicht mit dem Grausen zu tun bekommen hätte, würde ich wohl jetzt darüber nachdenken müssen, wie ich Dir eine tragische Botschaft ... Alles, was ich gefragt wurde, hab ich nämlich in der Nacht vorher irgendwie noch einmal durchgelesen ... Nächste Woche ist noch eine Prüfung, aber die macht nichts; wenn ich nicht durchkomme, verlier ich kein Semester. Wenn jetzt alles gut geht, bin ich Ende 1965 mit dem Studium fertig...«[70]

Mit der Zeit war es Peter Handke zur Gewohnheit geworden, im Kaffeehaus zu lernen, zu lesen und Briefe zu schreiben. Sein Zimmer war schattig und düster und einsam, dort aber standen Jukeboxes:

»Die Orte, wo man wie nirgends sonst sich besinnen konnte, wurden in den Universitätsjahren dann manchmal zu Ausfluchtsorten, vergleichbar den Kinos; während er sich in diese jedoch eher hineinstahl, betrat er seine verschiedenen Jukebox-Cafés jeweils sorgloser, mit der

Selbstbeschwichtigung, die bewährten Orte der Sammlung seien auch die richtigen für das Lernen. Das erwies sich als eine Täuschung, denn wenn er sich den in solcher Öffentlichkeit durchgegangenen Stoff dann im stillen, etwa vor dem Einschlafen, zu wiederholen versuchte, war in der Regel wenig davon übrig. Was er einer jener Nischen oder Unterschlüpfe in der Kälte des Studiums allerdings verdankte, waren Erlebnisse, für die er jetzt, beim Aufschreiben, nur das Beiwort ›wunderbar‹ hatte. An einem Spätwinterabend saß er, in den Skripten das um so stärker anstreichend, was er umso weniger aufnahm, in einem seiner bewährten Jukebox-Cafés. Dieses lag an einem für dergleichen eher untypischen Ort, am Rand des Stadtparks, und auch die Kuchenvitrinen und die Marmortischchen paßten nicht zu seinem Ding. Die Box spielte, aber er wartete wie immer auf die von ihm selbst gedrückten Nummern; dann erst war es richtig. Auf einmal, nach der Plattenwechselpause, die, mitsamt ihren Geräuschen – dem Klicken, dem Suchsurren, hinwärts und herwärts durch den Gerätbauch, dem Schnappen, dem Einrasten, dem Knistern vor dem ersten Takt –, gleichsam zum Wesen der Jukebox gehörte, scholl von dort aus der Tiefe eine Musik, bei der er zum ersten Mal im Leben, und später nur noch in den Augenblicken der Liebe, das erfuhr, was in der Fachsprache ›Levitation‹ heißt, und das er selber mehr als ein Vierteljahrhundert später wie nennen sollte: ›Auffahrt‹? ›Entgrenzung‹? ›Weltwerdung‹? Oder so: ›Das – dieses Lied, dieser Klang – bin jetzt ich; mit diesen Stimmen, diesen Harmonien bin ich, wie noch nie im Leben, der geworden, der ich bin; wie dieser Gesang ist, so bin ich, ganz!‹? (Wie üblich gab es dazu eine Redensart, aber, wie üblich, entsprach sie nicht ganz: ›Er ging in der Musik auf‹.) Ohne zunächst wissen

zu wollen, wer die Gruppe war, deren Stimmen, getragen von den Gitarren, gleichermaßen einzeln, durcheinander und endlich unisono erbrausten – er hatte in den Jukeboxen bisher die Allein-Sänger bevorzugt –, staunte er einfach. Auch in den folgenden Wochen, da er täglich für Stunden in das Lokal kam, um in diesem großen, dabei so leichtsinnigen Schall zu sitzen, den er sich von den anderen Gästen bieten ließ, verharrte er in einem Staunen, das keine Namens-Neugier kannte. (Unversehens war die Musicbox der Mittelpunkt der »Parkstube« geworden, wo sonst mehr die Gestelle der Zeitungshalter klapperten, und als Platten folgten aufeinander in einem fort nur die paar jener Gruppe Namenlos.) Als er dann aber bei seinem selten gewordenen Radiohören einmal erfuhr, wie der Chor der frechen Engelszungen hieß, die mit ihrem mir nichts, dir nichts hinausgeschmetterten ›I want to hold your hand‹, ›Love me do‹, ›Roll over Beethoven‹ alles Gewicht der Welt von ihm nahmen, wurden das die ersten sozusagen ›unernsten‹ Platten, die er sich kaufte (er kaufte in der Folge fast nur noch solche), und war dann in dem Säulen-Café er es, der so lange die Tasten für ›I saw her standing there‹ (eben an der Jukebox) und ›Things we said today‹ drückte (inzwischen blind, die Zahlen und Buchstaben besser im Kopf als die Gesetzestexte), bis da eines Tages die falschen Lieder, die lügnerischen Stimmen losschnickschnackten: man hatte das alte Schild stehenlassen und den ›aktuellen Hit‹, deutschsprachig, untergeschoben ... Und heute noch dachte er, das Anfänger-Schallen der Beatles im Ohr, aus jener von Parkbäumen umstandenen Wurlitzer: Wann würde je wieder solch eine Anmut in die Welt treten?«[71]
In allen Briefen an seine Mutter spürt man die starke

Anteilnahme, Gefühle der Sorge um ihr Wohlbefinden, Zorn gegen andere, die ihr Probleme und Ärger verursachten, und Mitleid mit den Familienmitgliedern. Die Worte zeugen von einem ständigen Mitdenken und Mitfühlen mit allen Schwierigkeiten zu Hause.

In witziger Form spricht der Briefschreiber häufig die einzelnen Familienmitglieder an:

»Robert soll auch einmal was kritzeln, der dicke Bengel, und vielleicht könnte auch Monika – ist sie noch in Klagenfurt? Und der Hans-Gregor, liebt er hoffentlich eine Gurke statt besoffen in der Gegend herumzuschleichen?«[72]

»was macht der ote? ich habe ihm vor kurzem aus gießen eine karte geschickt. hoffentlich ist er nicht beleidigt. wie geht es monika mit der liebe? na ja, das sollte man nicht fragen. ein radrennfahrer muß harte waden haben. ja, ich glaube, ich hör auf zu schreiben. bist du gesund? hast du das geld vom rundfunk in graz schon bekommen? ich frag sonst sofort ...«[73]

»Schön, daß es Dir besser geht. Bleib nur gesund. Der Hane wird sich schon wieder fangen. Er ist eigentlich sehr lieb. Du mußt ordentlich mit ihm reden, nicht blöd kameradschaftlich, sondern ernst und tolerant. Der Monika alles Gute, auch allen andern, und dem Ote, dem Raunzer! Schreib bald. Was geht in Österreich vor?«[74]

Später, 1972, erschien Peter Handke seine Grazer Studienzeit im Rückblick als »ein relativ unangenehmes Studentenleben«, »wo man enttäuscht und vereinzelt war«.[75]

All das gilt nur für die ersten zwei Studienjahre. Ab 1963 begann sich nämlich seine Situation, in Richtung literarische Existenz, rasch zu verändern. Er lernte Alfred Holzinger, den Leiter der Literatur- und Hörspielabteilung von Radio Graz, und Anfang Oktober 1963 Alfred Kolleritsch, den Herausgeber der »manuskripte«, kennen. Mit Holzinger und Kolleritsch begegneten ihm zwei entscheidende Förderer seiner literarischen Frühzeit; als engagierte Befürworter der Gegenwartsliteratur gewann er in ihnen zwei kompetente Gesprächspartner für seine literarischen Pläne und Produkte.

Ab 1963 besuchte er auch die Veranstaltungen des »Forum Stadtpark«; dort lernte er Künstler und Kulturveranstalter kennen; Anregungen und weitere Begegnungen ergaben sich; sie vergrößerten seinen Freundes- und Bekanntenkreis. Eine Beziehung, nämlich die zum Maler und Schriftsteller Peter Pongratz, soll beispielhaft für andere stehen: »Ich weiß nicht, wie ich ihn dann kennenlernte, es muß wohl bei einer kulturellen Veranstaltung des Forum Stadtpark gewesen sein. An meinen ersten Eindruck kann ich mich nicht erinnern, zwei, die Brillen tragen, können einander meist auf den ersten Blick nicht so sehr leiden. Kurz, wir sahen einander dann oft genug, manchmal hatte er die Haare länger, dann wieder kürzer. Er trug auch eine Lederkappe, wie die ersten Autokavaliere, auf manchen Bildern ist er damit zu sehen.

Wie kommt man mit jemandem zum Reden? Oft ist es so, daß man mit drei Leuten dasitzt, und dann geht einer weg, und es ist peinlich, wenn man nichts sagt. Ich habe damals im Forumkeller meinen Roman (›Die Hornissen‹) abgetippt, und Peter Pongratz hat im Forum gearbeitet, Lithos gedruckt. Der erste Satz von ihm, an den ich mich erinnere, handelt von den Alpenbewohnern. Er bemerkte, in den Alpenbewohnern stecke etwas Heidnisches. An mehr erinnere ich mich nicht. Es war damals kurz vor Weihnachten.

Richtig ins Gespräch miteinander sind wir erst gekom-

P. H., Peter Pongratz

men, als wir Unsinn redeten. Das war in Innsbruck, noch dazu im Mai, Herr Dr. Breicha, der diese Geschichte über Peter Pongratz angeregt hat, war auch dabei, es fand ein kulturelles Treffen statt. Noch vor Innsbruck war etwas geschehen, Peter Pongratz hatte sich in der Bürgergasse in Graz totschießen lassen. Ich weiß noch genau, daß es am 12. März war, ungefähr um Mitternacht. Er war der erste in Graz, der sich totschießen ließ. Ich glaube, er sagte damals, er würde jetzt die Straße hinunterlaufen, und jemand sollte mit einer MP hinter ihm herfeuern. Er lief also hinunter, der Schauspieler Ulrich Hass legte an, und die Kugeln rissen Peter Pongratz mitten im Laufen sehenswert nach hinten, besser als in japanischen Filmen. Es war elementar.

In Innsbruck, bei einer ähnlichen Geschichte, erschoß er dann einen andern, aber die Polizei schritt ein. In Innsbruck haben wir dann richtig miteinander geredet, auch über Malerei...«[76]

Solche Erinnerungen Peter Handkes enthüllen Züge seines Charakters: den Sinn für Anekdotisches und die szenisch genaue Erinnerung; die Schwierigkeit, mit jemandem »wirklich« ins Gespräch zu kommen; schließlich die Freude am Unsinn und die Lust zu blödeln. Nicht zuletzt steht diese Begegnung aber für die Reihe von lebenslangen Freundschaften mit Malern und bildenden Künstlern, die für den Schriftsteller Peter Handke von unübersehbarer Bedeutung ist. Jene ideelle Reihe von Paul Cézanne bis Edward Hopper und diese biographische von Peter Pongratz über Jean-Paul Chambas bis zu Jan Voss.

»Ich brauche neue Bilder«, schreibt Peter Handke 1974 und setzt mit dem Pongratz-Thema fort: »So verliert sich oft nach dem ersten Blick das Literarische aus den Arbeiten von Peter Pongratz, und statt sie anzuschauen, fange ich zu schauen an. Wo ich früher wohnte, hing an der Wand ein Bild von Pongratz, das, mit anderen Farben und auch größer, das bekannte Motiv des Schutzengels darstellt, der ein Kind über den Bachsteg führt. An vielen Nachmittagen bin ich davorgesessen, und der Himmel auf dem Bild war immer ein Nachmittagshimmel. Und wenn es draußen zu dämmern anfing, hat es auch auf dem Bild geheimnisvoll zu dämmern angefangen, und am Abend war der Himmel auf dem Bild ein Abendhimmel geworden. Der Bach, über den das Kind geführt wurde, hat geschimmert, als ob man sich an die Dunkelheit schon gewöhnt hätte...«[77]

Eine Anekdote, die Alfred Kolleritsch berichtet; sie stammt aus jener Zeit, in der Handke als Unbekannter eben begann, die Kulturveranstaltungen des »Forum Stadtpark« zu besuchen.

Am 11. Juni 1963 las Herbert Eisenreich in Graz aus seinem Romanfragment »Sieger und Besiegte«. Im Anschluß daran entspann sich eine Diskussion über die österreichische Prosa. Man forderte aus dem Publikum den neuen Roman, worauf Eisenreich einwarf: »Wer soll diesen neuen Roman denn schreiben?«

Da stand hinten dieser unbekannte Handke auf und sagte einfach:

»Ich!« –

Nach Handkes Selbstverständnis, in einem Gespräch vom 31. Oktober 1986, beginnt sein »literarisches Schreiben« mit einer punktuell exakten Erinnerung von 1963: Der erste Satz, wo er erkannt habe, das sei es, was er anstrebe, war der Beginn des Textes »Über den Tod eines Fremden«. An frühere Texte möchte er »nicht mehr erinnert werden«, das sei bedeutungslos, denn ein Siebzehn-

jähriger könne eben noch keinen Roman schreiben, er müsse mit kurzen Texten beginnen. Aus diesem Anfangsjahr seines literarischen Schreibens stammen noch die Kurztexte »Die Hornissen«, »Der Hausierer«, »Das Feuer« und der später dem Roman anverwandelte Text »Die Überschwemmung«.
»Das Feuer«, so erzählte Handke, gehe auf ein Zirkuserlebnis zurück. Als er einmal in einem Zirkus saß, packte ihn plötzlich jemand an der Fessel seines Fußes. Er habe hinuntergeschaut (er spielte die Szene vor) und habe einen Zirkusarbeiter erblickt. Mit dem sei er dann in den Wohnwagen gegangen und habe lange seinen Erzählungen zugehört. Daraus sei die Erzählung »Das Feuer« entstanden.
Zum Kurztext »Der Hausierer« gab es eine andere Anregung. Der dritte Abschnitt entstamme einem Erlebnis im Theater. In Friedrich Dürrenmatts »Die Physiker« gehe einmal ein Schauspieler erhebliche Zeit langsam über die Bühne. Ihm sei die Idee gekommen: Was denkt sich der Schauspieler während einer solchen Szene? Daraus sei der dritte Abschnitt des »Hausierers« entstanden. Vieles stamme so aus einem plötzlichen Einfall, einer Beobachtung, einem Ablauf.
Im Umfeld der »Hornissen« gab es viele Assoziationen und Bilder seiner Kindheit; das Dröhnen der Bomber habe er schon immer mitgedacht. Dann sprach er in diesem Zusammenhang von einer Geschichte, die ihm seine Mutter erzählt habe: Sie sei einmal von einer Hornisse gestochen worden und darauf einen ganzen Tag (halb)blind gewesen. Er beteuerte in auffälliger Weise die »Wahrheit« dieser Geschichte.
Begonnen hat Handke mit dem Schreiben schon als Kind, fern von zu Hause: »Ich kam in ein Internat für

Das Buch – ein Freund

Einer unserer großen deutschen Dichter sagte einmal, der höchste Genuß am Bücherlesen sei die eigene Leistung des Lesers. Diesem nur allzu wahren Worte ist wohl nicht viel hinzuzufügen, denn man liest ein Buch doch nicht nur, um sich einen willkommenen Nervenkitzel oder einen sonstigen Genuß zu bereiten. Es ist unmöglich, die Seiten eines Buches flüchtig zu überfliegen, indem man genußvoll im behaglichen Lehnstuhl sitzt, und daneben auch noch irgendeiner Rundfunksendung zuzuhören. Für die meisten Leute ist das Buch ein „Feind", durch den man sich mit aller Anstrengung des armen Gehirns durchkämpfen muß. Nach seiner „Bezwingung" wandert es in den Bücherschrank zu den übrigen „Leidensgenossen", wird mit einer dicken Staubschichte überzogen und gerät in Vergessenheit, je früher desto besser. Immerhin hat man es gelesen, und kann sich in vornehmer Gesellschaft seiner hervorragenden Literaturkenntnisse rühmen. Taucht dann wieder irgendein neuer Bestseller auf dem Büchermarkt auf, ersteht man ihn sofort – in möglichst teurer Ausstattung – überliest die Seiten und liest eifrig die letzten ~~Seite~~ Zeilen, nicht etwa eines eventuell bemerkenswerten Inhaltes, sondern erstens des Schlusses und

»Orangenes Heft«, erste Seite, 1954

Priesterzöglinge. Dort habe ich mit zwölf Jahren zu schreiben angefangen. Seitdem habe ich nicht mehr damit aufgehört«, so 1970 zu Rainer Litten.
Gemeint ist das »Orangene Heft« mit der kindlichen Aufschreibung »Mein Leben. Zweiter Teil«. Daran schließen sich etliche altersgemäße Gedichte und einige Bleistiftskizzen zum Hausbau an; die Datierungen reichen von Herbst 1955 bis zum Frühjahr 1956. Mancher Handke-Text vom zwölften bis zum siebzehnten Lebensjahr ist glücklicherweise überliefert.
1957 zeigte er seinem Deutschprofessor Reinhard Musar, wie gesagt, erstmals eigene Texte. 1959 wurde er bei einem Schülerwettbewerb in Klagenfurt ausgezeichnet. »Bis zu meinem siebzehnten Lebensjahr«, behauptete Handke später, »schrieb ich wie Kafka«, was Texte wie »In der Zwischenzeit« bestätigen.
Bevor er in Graz öffentliche Förderer seiner literarischen Arbeit traf, war seine Mutter seine einzige heimliche Vertraute gewesen. Sie wußte um seinen Wunsch, Schriftsteller zu werden und sonst nichts. Ihr schrieb er im ersten Brief aus Graz: »Zum Schreiben (Du weißt welches Schreiben ich meine) habe ich im Augenblick keine Lust, denn es ist nur kalt, und auch zuviel andere Gedanken, leider.«[78]
Wiederholt berichtete er seiner Mutter, auch mit Ironie, von Schreibansätzen, Texten, Geschichten: »Bis Ende März bleibe ich hier und werde Nachhilfestunden geben und ein wenig zu schreiben versuchen.«[79] »Im übrigen habe ich auch wieder einmal die nötige Narrheit aufgebracht, eine Erzählung zu schreiben. Ich halte sie für gut. Ich hoffe, sie Dir, wenn ich sie zu Hause abgeschrieben habe, vorlegen zu können.«[80]
Zweifellos hat der Student Handke, neben seinem Studi-

um, stets versucht zu schreiben. Zweifellos hat er bis 1963 literarische Wege, Verfahren, Themen ausprobiert und dabei meist mehr Qualen als Vergnügen empfunden. Daß diese inneren Kämpfe auch in die Familie hineinwirkten, ist verständlich. Seine Halbschwester Monika erinnerte sich mit »Schrecken seiner krampfartigen Schreibperioden daheim in Griffen, da er herrisch die Familie zwang, seine Selbstzweifel und Arbeitsqual mitzuleiden. Es konnte vorkommen, daß ihm plötzlich Schreibverödung alle Selbstsicherheit raubte, und sich ein Wort, um das er stundenlang schmerzhaft rang, erst beim Trinken unversehens, oft mitten in der Nacht, einstellte.«[81] Im April 1962 wurde eine Geschichte Handkes in Radio Klagenfurt gelesen. Da er selbst in Graz war, konnte er sie nicht hören: »Schreib mir bitte auch, wie die Geschichte auf Dich gewirkt hat«, wendet er sich am 29. April 1962 an die Mutter, »und erzähle mir, was andere darüber sagten. Es würde mich wirklich interessieren. Beschreibe also genau, wie es war.«

Am 15. Oktober 1962 kommt Handke noch drängender darauf zurück: »Du hast mir zwar geschrieben, was ein paar Leute – große und kleine und ganz kleine – zu der Erzählung sagten, jedoch bedachtest Du wohl nicht, daß ich ja die Sendung selbst gar nicht hören konnte und so auch eine Aufnahme für Papa unmöglich war. Aber ich habe Reinhold gebeten, daß er sie aufnehmen läßt. Wie war es eigentlich? Wer war der Sprecher usw.? Vielleicht kannst Du mir noch Verschiedenes berichten. Es würde mich freuen, wenn mir auch Monika einmal schreiben würde (vielleicht mit Dir in einem Brief) was für einen Eindruck sie hatte und was die Leute sagten. Weißt Du, irgendwie ist es kindisch und grotesk, daß ich es so gern wissen möchte, aber der Grund liegt vor allem darin, daß

ich wissen möchte, ob ich so schreiben kann, daß nicht nur hochgeistige Leute wissen, was da vor geht, und es nicht nur wissen, sondern auch erfühlen und begreifen oder sonst was.«
Das Drängen des jungen Autors nach Reaktion auf seinen Text darf man nicht als blanke Eitelkeit mißverstehen. Das Urteil der Mutter war dem Sohn immer wichtig; er sah nämlich in ihr eine Instanz, die sich vom Leseverständnis der Intellektuellen und akademisch Gebildeten abhob. Andere Urteile interessierten ihn als verschiedenen Rezeptionsmöglichkeiten.
Am 10. Dezember 1962 berichtete er lakonisch: »Vor ein paar Tagen habe ich auch eine Geschichte geschrieben.« Ab 1963 nahm der Umfang seiner literarischen Tätigkeit so zu, daß sie sein Studium zeitweise zurückdrängte. Er machte zwar weiter die vorgeschriebenen Prüfungen. Er besuchte gezielt alle jene Lehrveranstaltungen und Seminare, die er brauchte. Sonst studierte er vorwiegend in seiner »Bude«, Rosenhang 6, oder in der Bibliothek, und zwar nach Büchern und Skripten, wie es bei diesem Studiengang allgemein üblich war. Auf die dritte und letzte Staatsprüfung verzichtete er, weil sein Name im Sommersemester 1966 bereits durch die Medien bekannt geworden war: »Wer garantiert mir, daß ich nicht wegen des Zeitungsgeschreis schikaniert werde, bewußt oder unbewußt.« – »Das brauche ich nicht mehr.« – Diese Äußerungen überlieferte Alfred Holzinger in seinem Dokumentarbericht »Peter Handkes literarische Anfänge in Graz«. Der Autor Alois Hergouth, damals Literaturreferent des »Forum Stadtpark«, übergab Holzinger 1963 das Manuskript eines gewissen, ihm unbekannten Peter Handke, Titel »Die Überschwemmung«. Da der Text für die programmgemäße Literaturviertelstunde im Hörfunk

zu kurz war, lehnte Holzinger ab: Er lud Handke aber zu einem Gespräch ein, und dieser kam noch vor den Sommerferien 1963, »ein Ephebe mit weichen Gesichtszügen, langen, auf die Schulter fallenden Haaren, im ovalen Gesicht nahezu bartlos noch«.[82] Der neue Text, den er mitbrachte, war »Über den Tod eines Fremden«. Anfang 1964 sendete dann Radio Graz die folgenden Texte Handkes: »Die Hornissen« (25. Jänner 1964), »Der Hausierer« (7. April 1964) und »Das Standrecht« (16. Mai 1964). Etwa gleichzeitig veröffentlichte die Literaturzeitschrift »manuskripte« ihre ersten Handke-Texte, und zwar »Die Überschwemmung« (Heft 10, Februar/Mai 1964) und »Das Standrecht« (Heft 11, Juni/September 1964).

Die Arbeit für Radio Graz brachte dem Studenten Handke Geld und wichtige literarische Erfahrungen. »Ich hatte immer nur Geschichten geschrieben, und so war mir die Arbeit über etwas, über ein *Thema*, ziemlich fremd. Angefangen habe ich nur, weil ich Geld brauchte.«[83] Die literarischen Formen, die Handke durch diese Medienarbeit kennenlernte, sind das Radio-Feuilleton, die Buchrezension und die Funk-Dramatisierung eines Romans.

Die Feuilletons, deren Themen Handke selbst vorschlug, markieren betont seine persönlichen Interessen aus jener Zeit; es sind die Themen seiner Generation. Ihre besondere Machart verrät seine Faszination von sprachlichen und außersprachlichen Vermittlungsformen; in den einzelnen Feuilletons reflektiert er ihre Wirkung auf Leser und Zuschauer.

Seinem ersten Funk-Feuilleton »Der Rausch durch die Beatles« folgten »Für den Mann von Welt – Werbeslogans und ihre Wirkung«, »Die Welt im Fußball«, »Das Mär-

chen von James Bond«, »Das Wunder der Zeichentrickfilme«, »Zirkus – die Dressur des Objekts« sowie »Von der Schwierigkeit, einen Schlagertext zu schreiben«. Handkes Interessen damals betreffen die Wirkung von Popkultur, Trivialliteratur, Werbung, Rockmusik, Film und Sport; Massenphänome medialer und suggestiver Art, könnte man zusammenfassen.
Die Rezensionsarbeit brachte Handkes literarischer Entwicklung viel. Lektüre trieb er allerdings schon seit frühester Kindheit. Das erste »Lese-Erlebnis« des Siebenjährigen waren die Abenteuerromane Karl Mays. Das weicht keinesfalls von Erfahrungen anderer Altersgenossen ab. Untypisch ist aber, daß ihn nicht die spannende Handlung faszinierte, sondern unerwartet und überraschend etwas Literarisches: »›Durch das wilde Kurdistan‹ war in der Ich-Form, ›Schloß Rodriganda‹ jedoch in der Er-Form erzählt. Daß das erzählerische Ich dann auch in den Fortsetzungsbüchern von ›Schloß Rodriganda‹ ›Die Pyramiden des Sonnengottes‹, ›Benito Juarez‹ usw. nicht einschritt, ist für mich ein Schock gewesen, in der Erinnerung also ein Erlebnis.«[84]
An das Lesen als frühes Kindheitserlebnis im Hause des Großvaters erinnert sich Handke:
»Es gibt ja so alte Bücher, die noch in den Truhen herumliegen. Ich zumindest kannte das, ich bin so in einem Bauernhaus aufgewachsen. Da war so eine Brüstung im ersten Stock, da gab es eine Truhe. Da habe ich immer gelesen. Da fand ich all die Bücher, und vieles von diesen Büchern ist mir noch ganz verschwommen in Erinnerung. Manches verwechsle ich einfach mit Erlebtem und mit Gelesenem.«[85]
Schon an der Lektüre des Heranwachsenden fällt deren enge Bindung ans eigene Schreiben auf. Tanzenberg war

für die Zöglinge eine einengende und vom Leben abgeschiedene Welt; die Tage dort liefen nach eigenen Gesetzen ab. »Im Internat mußten wir am Sonntag immer in Rudeln herumwandern – da konnte man nicht einmal in den wenigen Freistunden allein sein. Da mußte man zu fünfzig durch die Landschaft gehen und durfte sich nicht einmal vereinzeln, daß man zum Beispiel hinten etwas nachging.«[86] Gewisse Erfahrungsmöglichkeiten blieben unzugänglich. So bot nur Lektüre den Ausweg, wenigstens an literarisch vermittelte Erfahrungen heranzukommen: »Die scheinbare AUSSENWELT, in der ich lebte, das Internat, war eigentlich INTERN, eine äußerlich angewendete INNENWELT, und das eigene Innere war die einzige Möglichkeit, ein wenig an die AUSSENWELT zu gelangen ...« schreibt Handke in seinem autobiographischen Essay »1957«, und nimmt damit seinen Buchtitel »Die Innenwelt der Außenwelt der Innenwelt« wörtlich vorweg.

Handke setzt weiter die Literatur, als pädagogisch relevante Instanz, an die Stelle der tatsächlichen Pädagogen. Und seine literarischen »Erzieher« sind die Schriftsteller Heinrich von Kleist, Gustave Flaubert, Fedor Dostojewski, Franz Kafka, William Faulkner, Alain Robbe-Grillet; sie haben, so Handke wörtlich, »mein Bewußtsein von der Welt geändert«.[87] Die genannten Autoren sind fast alle Prosaschriftsteller; auch Handke sieht sich selbst als Erzähler: »Ich habe nicht Gedichte geschrieben, sondern von Anfang an habe ich Prosa geschrieben. Und dann gleich Erzählungen, die dann sehr schnell in routinierten Bahnen verliefen.«[88]

Im Alter von fünfzehn oder sechzehn Jahren kamen die stärksten Impulse für Handke von zwei Schriftstellern, William Faulkner und Georges Bernanos. »Das hing damit zusammen, daß ich in einem katholischen Internat lebte, wo man von vornherein bestimmt war, Priester zu werden; und Bücher wie die von Bernanos und Faulkner, die damals als Rowohlt-Taschenbücher erschienen, die ich unerlaubt gekauft habe, waren natürlich dadurch, daß sie als Lektüre verboten waren, prädestiniert dazu, mir eine Gegenwelt zu dem zu errichten, was mir das Internat bedeutet hat. Und diese Welt, die mir aus den Büchern entgegenschlug, war doch im Gegensatz zu der, in der ich lebte, das eigentliche Leben.« Diese zwei Autoren waren für ihn »die Initiatoren«, sie bildeten »eine Art Initiative zum Leben, und durch diese Schriftsteller habe ich immer mehr gelesen ...«[89]

Auf Einladung Alfred Holzingers schrieb Peter Handke für die »Bücherecke« von Radio Graz 16 Sendungen von 15 Minuten Dauer. Jede brachte ihm 300 Schilling ein, die Bücher durfte der Rezensent behalten. Die Sendungen wurden vom 9. November 1964 bis zum 12. September 1966 ausgestrahlt. Handke war froh, sich so mit Neuerscheinungen eindecken zu können; das betraf Gegenwartsliteratur ebenso wie literarische Werke früherer Epochen.

Dem Typus der Manuskripte nach handelt es sich dabei um sogenannte Sammelbesprechungen mehrerer Bücher, eines gesamten Bücherpakets. Handke genügte es bald nicht mehr, die Rezensionen der Reihe nach abzuspulen. Er erfand Zusammenhänge zwischen ihnen, sinnvolle Zuordnungen, die es ihm erlaubten, lustvoll generelle Beobachtungen zu literarischen oder sprachlichen Phänomenen zu äußern. »Das moderne Drama besteht aus Ausbruchsversuchen«, heißt es zum Beispiel in der »Bücherecke« vom 29. November 1965. »Es versucht auszubrechen aus einer Welt des Theaters, in die es jahrhundertelange Konvention eingekapselt hat. Das moderne Drama möchte das Theater nicht zur eigenen Welt machen, die verschieden ist von der Welt der Zuschauer; das Theater soll wieder ein Teil der Welt der Zuschauer werden. Ähnlich wie die Kinder, die den Kasperl beim Kasperlespiel durch Schreien und Johlen vor dem Krokodil warnen können, kommen auch die Zuschauer wieder zu ihrem angestammten Recht, nicht nur dabei sein zu dürfen, sondern auch eingreifen zu können oder zumindest als Anwesende beachtet zu werden. Die hypnotischen Mittel des traditionellen Guckkastentheaters mit seinen ironielosen Illusionen werden vielfach abgelehnt. Es wird nicht mehr so getan, als ob das Publikum nicht anwesend wäre, und dabei noch hinterrücks für das Publikum gespielt: die Anwesenheit des Publikums wird vielmehr offen in das Spiel einbezogen. So besteht nicht mehr die Notwendigkeit, die Akteure auf der Bühne immerfort agieren zu lassen. Sie brauchen nicht immerzu Gestik und Mimik zu betreiben, um dem Publikum eine Handlung zu erklären...«

Wenn man bedenkt, daß Handke um diese Zeit an der »Publikumsbeschimpfung« arbeitete, dann muten diese Sätze wie eine Einbegleitung für das Programmheft der Uraufführung an.

Oder ein sprachtheoretisches Beispiel aus der »Bücherecke« vom 29. März 1965: »Die Sprache läuft immer Gefahr, der Zeit nachzuhinken. Vor dem, was geschieht, versagt sie sich vorerst; erst wenn das Geschehen vergangen ist, vermag sie seiner habhaft zu werden; da sie sich aber nun gewandelt hat, um die vergangene Zeit zu erfassen, ist sie wieder fassungslos vor der neuen Gegenwart, für die sie schon ungültig ist. Freilich kann man dies nur von der bewertenden Sprache behaupten, von der Sprache, die das veränderliche Gute und Böse und Angenehme und Unangenehme nach den Begriffen bewertet, die die Meinung der sich verändernden Gesellschaft der Sprache aufdiktiert hat; für die bloß registrierende Sprache, die sich darauf beschränkt, die Dinge – und sonst nichts – bei ihren unwandelbaren Namen zu nennen, ist keine Gefahr, daß sie versage und nicht überlebe, andererseits jedoch die Gefahr, daß sie von Anfang zeitlos und damit leblos sei...«

Die Bedeutung dieser »Medienarbeit« Handkes für Radio Graz darf man nicht unterschätzen. Außer umfangreicher Lektüre von Neuerscheinungen aus vielen, auch anderssprachigen Literaturen zwang ihn die Aufgabe, seine Erfahrungen mit Büchern als präzise Erkenntnisse zu formulieren und funkgerecht zu gestalten. Der lesende Müßiggänger Handke wurde hier zum literarischen Professionisten. Es würde zu weit führen, Namen und Titel, die übrigens Manfred Mixner in seinem Handke-Buch akribisch verzeichnet, nochmals aufzulisten. Es sollte nur der Lese-Horizont des etwa Dreiundzwanzigjährigen angedeutet werden.

Literatur und Lektüre spielen eine betonte Rolle in der Beziehung zwischen Handke und seiner Mutter. Immer wieder bindet er sie in seine Lese-Erfahrungen mit ein, um sie nicht in der täglichen Familienmisere versinken zu lassen; Auseinandersetzung mit literarischen Werken als Möglichkeit der Lebenshilfe:

»Ich habe, seit Du von zu Hause fort bist, keine Zeile gelesen, (eine Schande, was?), ich sehe mich, ohne Deine rettende Hand, blitzschnell zurücksinken in die tierische Primitivität meiner Familie. Aber mache Dir deshalb keine Sorgen, der Kern bleibt unantastbar.«[90]

Die Mutter liest konkret und naiv; sie treibt Lektüre als

Lebenshilfe und erreicht damit für sich auch ein haltbareres Selbstverständnis.

»Sie las Zeitungen, noch lieber Bücher, wo sie die Geschichten mit dem eigenen Lebenslauf vergleichen konnte. Sie las mit mir mit, zuerst Fallada, Knut Hamsun, Dostojewski, Maxim Gorki, dann Thomas Wolfe und William Faulkner. Sie äußerte nichts Druckreifes darüber, erzählte nur nach, was ihr besonders aufgefallen war. ›So bin ich aber doch nicht‹, sagte sie manchmal, als hätte der jeweilige Autor *sie* höchstpersönlich beschrieben. Sie las jedes Buch als Beschreibung des eigenen Lebens, lebte dabei auf; rückte mit dem Lesen zum ersten Mal mit sich selber heraus; lernte, von *sich* zu reden; mit jedem Buch fiel ihr mehr dazu ein. So erfuhr ich allmählich etwas von ihr.«[91]

Etwa Anfang Oktober 1963 besuchte Peter Handke zum ersten Mal Alfred Kolleritsch, den Redakteur der »manuskripte«: »Gleich am ersten Tag, als ich ankam, ging ich zu dem Redakteur der Literaturzeitschrift; ich habe Dir ja davon erzählt, nun soll ich wohl weitererzählen: also er lag da auf dem Sofa in seinem sehr warmen Zimmer; das Hemd hing ihm unter dem Pullover hervor. Jedenfalls war er nicht beleidigt, als ich kam. Er sagte, er werde die Geschichte auf jeden Fall im nächsten Heft bringen; er hätte sie natürlich jetzt gebracht, wenn ich früher zu ihm gekommen wäre; er findet sie ... naja. Ich wäre ja übrigens früher zu ihm gekommen (das habe ich Dir gar nicht erzählt), wenn er mir Nachricht gegeben hätte; ich habe ihm von München eine Karte geschrieben, er solle mir sagen, wann ich kommen könne; ich sei bald zu Hause. Das hat er aber irgendwie mißverstanden (er hat gemeint, ich komme nach Graz oder so ähnlich), und nicht geschrieben. Deshalb bin ich nicht hingefahren.«[92]

P. H., Krk, Sommer 1964

Vor seinem Erstlingsroman »Die Hornissen« hatte Peter Handke Kurztexte geschrieben, die im Rundfunk und in den »manuskripten« veröffentlicht wurden, aber auch Romanartiges, das ungedruckt blieb. Juli und August 1964 verbrachte er mit seinem Schulfreund Reinhold Wieser auf der jugoslawischen Insel Krk, um dort einen Roman zu schreiben. Im Frühherbst 1964 dürfte er diese erste Romanfassung an Radio Klagenfurt geschickt haben, denn er wollte sie am 25. November 1964 wieder zurückhaben. Am gleichen Tag lasen die Grazer Schauspieler Ulrich Hass und Hermann Treusch im »Forum Stadtpark« erstmals öffentlich aus den »Hornissen«.
Ende Jänner 1965 schloß Peter Handke neuerlich eine sorgfältige Überarbeitung seines »Hornissen«-Manuskriptes ab: »Ich mache Absätze hinein, damit es besser verständlich wird, und auch sonst bessere ich manches aus, vor allem, indem ich kürze. – ... Aber gestern bin ich wieder fertig geworden (zum wievielten Mal)?«[93] Auf Anregung Alfred Holzingers soll Handke damals die einzelnen Abschnitte mit Überschriften versehen haben. Der vielseitige Anreger der Grazer Szene, der Philosophiedozent Dr. Gustav Janoška, las das Romanmanuskript, fand es »sehr gut«, nur auch »sehr schwierig«. »Das erste Manuskript habe ich an einen deutschen Verlag geschickt, bis jetzt keine Antwort.«[94]
Ende Februar 1965 las Handke in Wien, unter anderen Texten auch die »Lebensbeschreibung«. Die Entstehung und Publikation dieses Textes ist für sich eigentlich schon eine »Geschichte«. »Mit dem Deutschen Ulli Hass ...«, so Sigrid Löffler 1973, »erblödelte Handke an einem feuchten Abend die ›Lebensbeschreibung‹, eine Leben-Jesu-Paraphrase in modernem Juristendeutsch, die etwa die Auferstehung als ›Gerücht ohne Grundlage‹ wertete.«[95]

Auf Einladung Otto Mauers las Handke diesen Text vor Künstlern und Klosterfrauen in Wien; es gab einen Aufruhr, und der Maler Josef Mikl verließ entrüstet den Saal. Der beharrlich recherchierende Handke-Dissertant Harald Baloch erhielt von Mikl dazu folgende briefliche Antwort: »Ich verließ nicht ›entrüstet‹ den Saal, sondern mit einigen Kollegen gelangweilt, wobei ich die Worte ›Steirischer Sandler‹ auf die kleine Bühne hinausrief.«[96] Der Autor sieht den Abend etwas anders; er schreibt nämlich am 3. März 1965 aus einem Grazer Caféhaus an seine Mutter nach Griffen: »In der vorigen Woche habe ich in Wien eine Lesung gehabt. Es war schon was, ich habe auch die ›Lebensbeschreibung‹ gelesen. Frag Reinhold einmal — Ich bin durch blöde Fragen aus dem Publikum in eine fürchterliche Wut gekommen, so groß, wie höchstens als Kind. Aus! hab ich am Schluß gesagt. Nachher hab ich im Theater die Hildegard Knef gesehen ...«

Peter Handke wurde schon damals jeder Text zu Literatur, auch wenn er blödelte. Allerdings bestätigen mehrere Textfassungen einen bewußten, kontrollierenden Kunstverstand bei der Entstehung der »Lebensbeschreibung«.

Im April 1965 erfüllte sich ein großer Wunsch für ihn; er fuhr zum ersten Mal nach Paris. Damals studierte er in Graz, schrieb Olga Obry 1975 in der »Presse«, »und der Leiter des dortigen französischen Kulturinstitutes nahm ihn in seinem Wagen auf eine Woche nach Paris mit, Französisch konnte er kaum, hatte Abendunterricht im Institut, die Lehrerin, die früher einmal sehr schön gewesen sein mußte, beeindruckte ihn vor allem durch ihre Begeisterung für den Rotwein Chateauneuf-du-Pape, das wurde für ihn der Inbegriff französischer Lebenskunst.«[97] Das war Handkes erste Begegnung mit der französischen

Kultur und Kunst, sie sollte für ihn lebensbestimmend werden: Frankreich als Lebensraum, Frankreich als künstlerische Atmosphäre und Paris als *die* Weltstadt.
Im Frühsommer 1965 übergab Alfred Kolleritsch Elisabeth Borchers, der damaligen Lektorin des Luchterhand Verlages, Handkes Roman-Manuskript; sie lehnte die Drucklegung jedoch ab. Durch Vermittlung des Grazer Hispanisten Anton Maria Rothbauer schickte dann Handke im Sommer 1965 die Erstfassung der »Hornissen« an den Suhrkamp Verlag, an Walter Boehlich, den er kannte. Der Lektor Chris Bezzel befürwortete die Drucklegung, der Suhrkamp Verlag nahm an. »Ich habe zwar ein halbes Jahr vom Studium verloren, aber würdest Du sagen, daß das Wort ›verloren‹ richtig ist? Ich glaube, ich habe nur gewonnen«, schrieb er am 24. November 1965 an die Vertraute seiner literarischen Pläne, seine Mutter.
Einen Badeurlaub von vier Wochen (ca. 24. 7. bis ca. 20. 8. 1965) verlebte Peter Handke mit seiner Freundin, der Schauspielerin Libgart Schwarz, in Varna an der bulgarischen Schwarzmeerküste. Während dieser Zeit arbeitete er den Dostojewski-Roman »Schuld und Sühne« im Auftrag von Radio Graz zu einer dramatischen Hörfolge um. Er hoffte, diese Arbeit in Varna fertigzustellen. Dort erhielt er den Brief seiner Mutter mit der Nachricht, der Suhrkamp Verlag habe sein Romanmanuskript zum Druck angenommen.
Noch belasteten ihn seine Verpflichtungen gegenüber dem Österreichischen Rundfunk; versprochene Buchbesprechungen und, wie gesagt, die »ermüdende« und »langweilige« Hörspielbearbeitung von Fedor Dostojewskis »Schuld und Sühne« zu einer Fortsetzungsserie. Sie wurde in der Sendereihe »Der dramatisierte Sonntags-

roman« vom 6. 2. bis 8. 5. 1966 in 14 Folgen zu je 25 Minuten gesendet. »Gestern in der Früh habe ich auch einmal den ›Raskolnikoff‹ gehört. Er ist mir doch sehr spannend vorgekommen. Überhaupt die Stellen mit dem Erzähler sind mir gut gelungen, freilich sind sie im Stil mehr von mir, die Dialoge habe ich ja von Dostojewski einfach übernommen und nur gestrichen.«[98]

Anfang November 1965 traf Peter Handke den Verleger Siegfried Unseld in Wien und übergab ihm sein erstes Dramenmanuskript »Publikumsbeschimpfung«. Schon damals trug er sich mit Gedanken an einen zweiten Roman, den er am 2. November 1965 erstmals brieflich erwähnt. Bald danach erhielt er die Korrekturfahnen seines »Hornissen«-Romans, die freudige Nachricht, daß Suhrkamp sein Stück angenommen habe und den stolzen Vorschuß von 1200 DM.

Wie sollen wir uns das Leben des Studenten Peter Handke zu Anfang des Jahres 1966 in Graz vorstellen, wie die Ereignisse seines jungen literarischen Erfolgs?

Im Jänner hielt er das Leseexemplar seines ersten Romans »Die Hornissen« in Händen, bald darauf den Theaterdruck seines ersten Stücks »Publikumsbeschimpfung«.

Die Uraufführung fand am 8. Juni 1966 in Frankfurt statt. Es war ein aufsehenerregender Erfolg. Die Theater rissen sich darum, das Stück wurde unmittelbar danach in vielen deutschen Städten nachgespielt; der Autor war bei manch einer Aufführung Augenzeuge:

»Letzte Woche war ich in München und Mannheim, wo das Stück aufgeführt worden ist (auch in Bremen und Heidelberg). Es war ganz lustig, in Mannheim wäre es beinahe abgebrochen worden, die Leute haben sich das doch nicht länger bieten lassen, aber dann hat man die Störenfriede wieder von der Bühne verjagt (das Publikum), und es ist bis zum bitteren Ende weitergegangen ...«[99]

Seine Freundin Libgart Schwarz probierte das Gretchen im »Faust« in einer Inszenierung des Grazer Schauspielhauses. An einem Februartag saß er in ihrem Zimmer, das wärmer und heller als seine Studentenbude war, und tippte ein Feuilleton über James Bond für den Rundfunk. Einen »schönen Schrecken« jagte ihm seine Einberufung zum österreichischen Bundesheer ein, »aber jetzt ist hoffentlich die Katastrophe noch einmal vorbeigezischt«.[100]

Im weiteren Verlauf des Jahres 1966 überstürzten sich die Ereignisse im Leben des Jusstudenten, kühne Möglichkeiten taten sich plötzlich vor ihm auf. Anfang März lieferte der Suhrkamp Verlag »Die Hornissen« aus; der Autor flog, auf Einladung des Verlages, einen Tag nach Frankfurt. Am 15. März 1966 erschien in der »Frankfurter Allgemeinen Zeitung« die erste Kritik von Helmut Scheffel zu den »Hornissen«, Titel »An der Erfahrungsgrenze«; sie sollte, bis heute, eine der sachlichsten und besten zu diesem Roman bleiben. Scheffel bescheinigt dem Roman des vierundzwanzigjährigen Österreichers, daß »die in ihm sich bekundenden Darstellungsprinzipien ... ihm einen weit über dem Durchschnitt liegenden Rang« verleihen.

Anfang März 1966 hatte Handke, auf Vermittlung Siegfried Unselds, eine Einladung der Gruppe 47 zur Tagung an die Universität Princeton in den USA erhalten, über die er sich sehr freute.[101] »Noch etwas: von der Gruppe 47, einer deutschen Schriftstellergruppe, bin ich eingeladen worden, nach Amerika zu fahren und dort an einer Universität an Lesungen teilzunehmen, für Ende April. Die Fahrt usw. wird mir gezahlt. Das ist schon etwas, und wenn nichts dazwischen kommt, werde ich natürlich fah-

P. H., Libgart Schwarz

ren.« Jede Gelegenheit, von Graz wegzukommen, schien ihm verlockend: »Jedenfalls wäre es wieder eine Abwechslung, es ist doch schwer, es lange Zeit an einem Fleck auszuhalten, jedenfalls, wenn einem der Fleck nicht besonders gefällt.«[102]

Handke reiste, auch nach dem »Auftritt« in Princeton, gerne von Graz weg. Seine Aufenthalte im Sommer 1966 in Salzburg waren nicht nur privat; sie bestimmten auch die Zukunft seiner literarischen Karriere mit. Der »Tanzenberger« Hans Widrich hatte im Studentenhaus in der Kollegienkirche die »Galerie in der Marktgasse« eröffnet. Er war es auch, der Peter Handkes erste Lesung in Salzburg organisierte, und das kam so: Libgart Schwarz erhielt bei den Festspielen 1966 eine Nebenrolle als Elfe im »Sommernachtstraum«. Als Peter Handke wegen eines Quartiers an Hans Widrich schrieb, lud ihn dieser zu einer Lesung ein. Am 16. Juni 1966 las dann Handke im Rahmen der »Gesellschaft für Moderne Kunst« (MOKU) in der Salzburger Residenz, und zwar in der Reihe »Literatur aus der Nähe«; er las aus seinem Roman »Die Hornissen« und aus der »Publikumsbeschimpfung«; es war ein turbulenter Abend. Bei seiner zweiten Lesung im Studentenhaus der Katholischen Hochschulgemeinde am 11. August 1966 in Salzburg kam es dann zu jener wichtigen Begegnung zwischen Peter Handke und Wolfgang Schaffler.

Der Besitzer des Salzburger Residenz Verlages hatte Widrich gebeten, ihn mit dem jungen Autor bekanntzumachen. Schaffler hat damals im Café Tomaselli Handke von einem Plan Rudolf Bayrs erzählt, im Residenz Verlag eine Reihe mit Texten junger österreichischer Autoren herauszubringen. Handke versprach Schaffler einige unveröffentlichte Texte; daraus entstand das Buch

»Begrüßung des Aufsichtsrats« (1967), in dem der Autor erstmals seine frühe Prosa gesammelt publizierte. Diese Begegnung in Salzburg, wo der Autor dann die Jahre 1979 bis 1988 verbringen sollte, bildet den Beginn einer langen Beziehung zwischen Peter Handke und Wolfgang Schaffler, die mehr und tiefer war als die übliche Arbeitsgemeinschaft zwischen Autor und Verleger.
So erwies sich dieses Jahr 1966 für die Schriftstellerkarriere des jungen Handke in zunehmendem Maße als immer entscheidender. Zwischen öffentlichen »Erfolgen«, ja von diesen zusätzlich motiviert, lagen wichtige Wochen gesteigerter Arbeitskraft und besonderer Kreativität. Im Februar schon hatte der Suhrkamp Verlag sein zweites Stück, »Selbstbezichtigung«, angenommen. Und am 24. März 1966 informierte er seine Mutter: »Ich arbeite im Moment an einem Roman, und es geht so halbwegs, langsam, aber jeden Tag etwas.« Handkes zweiter Roman »Der Hausierer« begann damals zu entstehen. Und offensichtlich schälte sich bereits damals seine besondere Arbeitsweise heraus, nämlich an einem Werk ohne Unterbrechung Tag für Tag zu schreiben. Es sollte aber Dezember werden, bis Handke das endgültige Manuskript abschloß: »... heute habe ich den fertig durchgearbeiteten Roman an Suhrkamp geschickt, wir werden ja sehen, was das für eine Ratlosigkeit wird, aber ich bin ein wenig zufrieden ...«[103]
Anfang April verbrachte er die Osterfeiertage mit seiner Freundin Libgart in Griffen, bevor er dann Ende April zur Tagung der »Gruppe 47« nach Amerika flog. Dieses Treffen sollte sein Leben verändern.
Dort begegnete der kaum bekannte österreichische Jungautor den bekanntesten deutschsprachigen Autoren und kam gleichzeitig zum ersten Mal nach Amerika. Und als der Vierundzwanzigjährige, schlank und schlaksig,

mit langem weichem Haar und dunkler Hornbrille, da in Princeton nach langen Lesungen plötzlich aufsprang und spontan gegen die »Beschreibungsimpotenz« jener soeben gehörten Texte wetterte, hatte eine der größten literarischen Karrieren unserer Zeit als »Zwischenruf« begonnen. Das Phänomen von Handkes raschem Aufstieg hat man aus allen möglichen Blickwinkeln, oft einseitig, beurteilt. Hier der Versuch, der Komplexität dieses »Falles« gerecht zu werden.

Ein Aspekt aus Handkes Biographie scheint aus allen Perspektiven unbestritten: berühmt und zur öffentlichen Figur machte ihn nicht sein Debüt-Roman »Die Hornissen« vom März 1966, sondern dieser Diskussionsbeitrag beim Treffen der »Gruppe 47« an der Universität Princeton im April 1966.

Das ist der einzige Punkt, in dem sich Handke-Freunde und Handke-Feinde einig sind. Uneinig sind sie sich aber schon in der Bewertung dieses »Auftritts«. Zwischen geplant inszeniertem Medienspektakel und spontan entflammter Kritik an den vorgetragenen Texten pendeln die Meinungen. Einzelne kolportierte Kern- und Schimpfwörter wie »Beschreibungsimpotenz« verfestigten sich ebenso wie der Beschimpfungsgestus. Hans Schwab-Felisch zitierte in der Zeitschrift »Merkur« 1966 Satzpartien dieser Diskussion, Günter Blöcker 1967. Handke versuchte in der Zeitschrift »konkret«, aus Unbehagen gegenüber der Berichterstattung, mit Sachargumenten den Vorgang zu klären. Mit der Authentizität des Berichteten liegt es im argen; die Legendenbildung überwiegt. Hier ist eine Abschrift der Tonbandaufzeichnung jener Szene:

Peter Handke: Ich bemerke, daß in der gegenwärtigen deutschen Prosa eine Art Beschreibungsimpotenz vorherrscht. Man sucht sein Heil in einer bloßen Beschreibung, was von Natur aus schon das billigste ist, womit man überhaupt nur Literatur machen kann. Wenn man nichts mehr weiß, dann kann man immer noch Einzelheiten beschreiben. Es ist eine ganz, ganz unschöpferische Periode in der deutschen Literatur doch hier angebrochen, und dieses komische Schlagwort vom »Neuen Realismus« wird von vielerlei Leuten ausgenützt, um doch da irgendwie ins Gespräch zu kommen, obwohl sie keinerlei Fähigkeiten und keinerlei schöpferische Potenz zu irgendeiner Literatur haben. (Gemurmel) Es wird überhaupt keinerlei Reflexion gemacht. Es wird eine Philosophie vorgegeben, eine Weltanschauung vorgegeben, in der man so tut, als gäbe es nur die Beschreibung von Einzelheiten und Vorgängen. Und das ist auch eine Art cinema verité der Literatur, nach meiner Ansicht. Es ist zwar zu sehen, daß gewisse Fehler der alten Literatur nicht mehr gemacht werden, zum Beispiel wird mit Metaphern sehr vorsichtig umgegangen, aber es ist zu beobachten, daß also vor allem die Errungenschaften dieser neuen Literatur in einer Negation bestehen. Daß also die Fehler oder die Klischees der alten Literatur zwar abgeworfen wurden, daß aber das Heil keineswegs in einer neuen Position gefunden wurde, sondern in einer ganz primitiven und öden Beschränkung auf diese sogenannte »Neue Sachlichkeit«. Und es werden auch in der Form dieser Prosa ... die Form dieser neuen deutschen Prosa ist keineswegs ... ist fürchterlich konventionell, vor allem im Satzbau, in der Sprachgestik überhaupt. Auch wenn die einzelnen Worte also, wie gesagt, metaphernlos sind, ist die Gestik dieser Sprache völlig öd und den Geschichten der früheren Zeiten fürchterlich ähnlich. Das möcht' ich doch behaupten. (Unruhe, Gemurmel) Es ist hier eine Prosa zu sehen ... Das Übel dieser Prosa besteht darin, daß man sie ebensogut aus einem Lexikon abschreiben könnte. Man könnte den Sprachduden, diesen Bilderduden verwenden und auf die einzelnen Teile hinweisen. Und dieses System wird hier angewendet und (es) wird vorgegeben, Literatur zu machen. Was eine völlig läppische und idiotische Literatur ist. (Allgemeines Gelächter, vereinzelter Applaus) Und die Kritik ... und die Kritik ... und die Kritik ist damit einverstanden, weil eben ihr überkommenes Instrumentarium noch für diese Literatur ausreicht, gerade noch ausreicht, gerade noch hinreicht. (Erneutes Gelächter) Weil die Kritik ebenso läppisch ist, wie diese läppische Literatur. (Vereinzeltes Gelächter, Unruhe) Wenn nun eine neue Sprachgestik auftaucht, (Zwischenruf: Psst!) so kann die Kritik nicht anders, vermag die Kritik nichts anderes, als eben zu sagen ... entweder zu sagen, das ist langweilig, sich in Beschimpfungen zu ergehen, oder eben auf gewisse einzelne Sprachschwächen einzugehen, die sicher noch vorhanden sein werden. Das ist die einzige Methode, weil die Kritik ... das Instrumentarium, das überkommene, eben hier nicht mehr hinreichen kann, während sie bei dieser läppischen Beschreibungsliteratur eben noch hinreicht, weil's eben hier adäquat ist. Das Instrumentarium der Kritik ist genau dieser Literatur adäquat, die hier im Vorgang ist. Zwischenruf (wohl Hans Werner Richter): Herr Handke, es ist hier nicht üblich, eine literarhistorische Rede ... Handke: Ja, ja. Darf ich noch etwas sagen?

Richter: Bitte.

Handke: Also es ist überhaupt so eine Literatur ... daß die sogenannte deutsche Gegenwart vorkommt. Es muß irgendwo ... hinter der Rose muß irgendwie auch Auschwitz auftauchen, wenn auch nur in einem sogenannten Nebensatz oder ganz beiläufig, oder ganz lässig muß es da sein. (Gemurmel) Wobei man gar nicht bedenkt ... (bricht ab). (Gelächter)

Richter: Ja, ich hab nicht so viel Zeit, Herr Handke, wir wissen jetzt genau, was Sie meinen. (Gemurmel)

Zuruf: Lassen Sie ihn doch ausreden!

Richter: Na ja, gut, weiter. Zwischenruf: Aber keine Demonstration!

Handke: Na ja, ich möchte nur sagen ...

Richter: Fassen Sie sich kurz. Bitte. Bitte, Herr Handke, Sie sind dran.

Handke: Ich fasse mich so kurz wie möglich. Aber das ist, glaube ich, notwendig.

Richter: Aber kein Seminar. Kein Seminar.

Handke: Man sagt zwar, man wisse, was man nicht mehr schreiben dürfe, nicht, und man beschränkt sich nun auf diese gegenständliche Prosa. Und man schreibt also Sachen, die beschreiben nur Gegenstände. Man weiß zwar, was man schreiben darf als Wiederholer, aber man weiß nicht, was man schreiben soll, nicht? Das ist, glaube ich, das Grundproblem dieser ... dieser ganz dummen und läppischen Prosa.

Hans Mayer: (...) Nun zu dem, was Handke gesagt hat – und ich bin eigentlich sehr froh, daß er diese Dinge gesagt hat. Und ich bin auch froh, daß Hans Werner Richter, obwohl an sich das sonst nicht üblich war, ihn ausreden ließ. Hier ist ein aufgestautes Unbehagen zum Ausdruck gekommen. Ich glaube, die Lösung, die Handke gibt, ist sicherlich nicht richtig. Daß das aber, was er an Symptomen gesehen hat, nicht nur heute und hier gegeben ist und daß es vielleicht genau so falsch am Text von Piwitt explodiert, wie ich gestern möglicherweise falscherweise am Text von Gabriele Wohmann (Zwischenruf: Ah) explodiert bin, das soll nichts ändern. Ich habe manche Einwände gegen den Text von Piwitt, auch manche Einwände gegen die Ästhetik, die er gibt, aber dieser Text hat große Meriten, und wir sollen diesen Text auch unabhängig davon behandeln. Was Handke meint, ist folgendes: (Allgemeines Gelächter) Ja, warum ... warum ... Warum soll ich Handke nicht gegen Handke verteidigen? Daß Handke zweifellos nicht nur in der Ausdrucksweise, sondern auch in der Ästhetik, die er vertritt, sehr Richtiges mit – wie mir scheint – sehr Falschem verbindet, sollte doch nicht daran hindern zu sehen, was an diesen Dingen über seinen eigenen Fall und seine eigene Kritik hinaus gültig ist. Grass hat mit Recht gestern den Ausdruck von der Bundesrepublik als einem Problem des neuen Biedermeier gesprochen. Die Literatur, die wir hier in vielen Fällen erlebt haben, ist eine Literatur, die Reflex einer neurestaurativen, biedermeierlichen Gesellschaft ist, deren typische Züge ein Quietismus, ein Establishment ist, und die in erschreckendem Sinne auch einen Weg des »Zurück zur Natur« gibt, die nicht etwa eine rousseauistische ist, sondern die eine verdinglichte Welt dadurch darstellt, daß sie sich in die Naturlandschaft flüchtet. Dieses gleiche Phänomen – sehr merkwürdig! – haben wir in der Lyrik während des Dritten Reiches erlebt, von der Stephan Hermlin einmal mit Recht gesagt hat, es sei eine Lyrik der Lurche und Molche gewesen. Wir haben nicht wenige Lurche und Molche in Höllerers Text zum Beispiel erlebt. Eine Lyrik, die damals von Loerke, von der Langgässer, auch von Krolow herkam, eine verdinglichte Welt, die hier wiedergegeben wurde, eine Natur ohne den Menschen und eine Literatur, in der Verdinglichung nicht wie in dem großartigen Text von Lettau bewußt als Verdinglichung gegen die humane

Welt des Feindes gestellt wird, sondern in dem eine Art Gefälligkeit, Betulichkeit in dem Einverständnis mit einem solchen Zustand der Verdinglichung gewesen ist. Das hängt einmal mit den Zuständen in der Bundesrepublik, mit soziologischen Problemen zusammen, das ist zum anderen bei vielen von denen, die hier gelesen und geschrieben haben, natürlich auch eine Reaktion auf die unzulängliche Ästhetik des sozialistischen Realismus, einer falschen Form der Engagement-Literatur, gegen die nun eine falsche Literatur des status quo gesetzt wird. Und das scheint in der Tat eine bedenkliche Situation zu sein, insofern hat Handke vollkommen recht gehabt, als er seinem Unbehagen Ausdruck gegeben hat, indem er gesagt hat: Was schreiben denn eigentlich die deutschen Schriftsteller hier? Wie sehen sie die Welt? Wie sehen sie den Menschen? Wie kommt es, daß ihnen hier eigentlich die Menschen ununterbrochen in der Prosa zu Stilleben degenerieren? Georg Lukacs hat sehr mit Recht einmal darauf hingewiesen, wie in der französischen Malerei von Manet zu Cézanne das menschliche Bild vollkommen zu einem objektiven Stilleben gemacht wird; gleichsam: Der Mensch wird zum Kubus. Und der Mensch ist auch zum Kubus im großen Teil dieser Prosa geworden. Das wendet sich nicht gegen den Schriftsteller X, den Schriftsteller Y – das sollte uns aber veranlassen, auch dieses Problem der Literatur als Zustand zu sehen und daran die Kritik zu nehmen. Und Handke hat vollkommen recht, wenn er sagt, die Kritik, auch hier im Saal, macht es sich zu leicht, sie geht zu sehr gefällig auf diesen Zustand ein, statt die Frage dieses Zustands und seiner Berechenbarkeit zu stellen. Insofern finde ich es sehr gut, wenn wir diese Diskussion führen.[104]

Auffällig übrigens, daß der aufmüpfige Jungautor bei

dem längst berühmt gewordenen Auftritt seine Worte im Sprechen sucht und gar nicht so souverän wirkt, wie ihn die Medien nachher stilisierten. Entscheidend, beim aufmerksamen Abhören dieses authentischen Tonbands, scheint vor allem, daß Handke aus einem ganz bestimmten und deutlich erkennbaren Literaturverständnis heraus zu argumentieren versucht. Es geht ihm bei seinem Einwurf um Literatur, um sonst nichts.

Als notwendige Voraussetzung dazu muß man die literarische Situation in Österreich bedenken. In den sechziger Jahren veränderte sich das beharrlich konservative Literaturklima der fünfziger Jahre radikal, und zwar begann es in Graz, wo Handke herkam. Von dort war man ausgezogen, »die Literatur zu erobern«. Die wichtigste österreichische Stadt in Sachen Literatur war damals nicht mehr die Metropole Wien, sondern die steirische Landeshauptstadt Graz im fernen Südosten Österreichs; und das hatte Gründe. Aus diesem kulturellen Umfeld stammte Handke, von dort her sind die Voraussetzungen seiner Reaktion in Princeton einleuchtend und verständlich.

Anstöße zu einer neuen Literatur Österreichs kamen damals von einem kleinen Freundeskreis in Wien, dem H. C. Artmann, Friedrich Achleitner, Konrad Bayer, Gerhard Rühm und Oswald Wiener angehörten. Dorothea Zeemann verwendete für sie am 23. Juni 1958 im »Neuen Kurier« den Namen »Wiener Dichtergruppe«. Heute sind sie und ihre künstlerischen Aktivitäten als »Wiener Gruppe« historisch dokumentiert. Die Mitglieder der Wiener Gruppe konnten in den fünfziger Jahren in Österreich keine literarische Öffentlichkeit erreichen, sie wirkten eigentlich nur im literarischen Untergrund. Ihre literarischen Experimente aber und ihre literarischen Kabaretts,

die man heute international als Vorläufer literarischer Happening-Formen erkannt und gewürdigt hat, brachten progressiv Neues, und zwar in bezug auf Literaturformen und Literaturverständnis, in die Kulturszene.
Die »Wiener Gruppe« war ein kleiner Kreis von Freunden mit gleichen Interessen. Alle waren Mehrfachbegabungen in bildender Kunst, Musik, Film, Architektur und Literatur. Sie gerieten immer mehr in die Isolation von der damals in Österreich herrschenden Kunst und Kunstmeinung. Diese verständnislose Öffentlichkeit bewirkte auch, daß sich die Gruppenmitglieder wie in »Innerer Verbannung« immer enger zusammenschlossen. Diese Ablehnung des Publikums forcierte allerdings auch die zunehmende Radikalität ihrer künstlerischen Entwicklung, weil keinerlei mildernde Korrektur durch ein Publikum bestand. Die Rezeption beschränkte sich auf die Gruppenmitglieder. Sie waren so kreativ mitdenkend, daß sie auch an der künstlerischen Produktion als Co-Autoren mitwirken konnten.
Die ersten öffentlich möglichen Auftritte der »Wiener Gruppe« fanden in Graz statt. Die Keimzelle der neuen Literatur bildete die Grazer »Urania« als Institut der Erwachsenenbildung einerseits und andererseits die Person des Philosophiedozenten Dr. Georg Janoska. Das »manuskripte«-Heft 83 (1984) ist diesen Zusammenhängen um Janoska gewidmet: »Seine Spuren«, schreibt dort Alfred Kolleritsch, »führen zurück in die Zeit vor 1960«, als in Österreich »eine neue Generation zu denken und zu schreiben beginnt.«
Georg Janoška war Motor und Mittelpunkt dieses Kreises um die Grazer »Urania«, und hier entstanden die geistigen Vorbedingungen für die Gründung des »Forum Stadtpark« 1958. In eben diesem Jahr gab es zwei wichti-

ge Diskussionen zwischen dem Kreis um Janoška und den Mitgliedern der »Wiener Gruppe«, »wenige Jahre später stehen sie in enger Verbindung mit dem Forum Stadtpark. Als 1958 das Forum Stadtpark, eine Initiative des Mitherausgebers der Manuskripte, Günter Waldorf, gegründet wurde, war es die Urania, die geholfen hat, daß das ›Forum Stadtpark‹ 1960 sein Haus eröffnen und seine Arbeit beginnen konnte«.[105] In diesem Jahr beginnt auch die bedeutendste literarische Zeitschrift Österreichs nach 1945 zu erscheinen, die »manuskripte«. Herausgegeben von Alfred Kolleritsch und Günter Waldorf erscheint 1960 die erste Nummer dieser Zeitschrift, die vorwiegend Unveröffentlichtes bringt, zuerst hektographiert und auf billigem Papier. Es setzt ein Zeichen für die Zukunft der österreichischen Literatur, daß im zweiten Heft 1960 überwiegend Mitglieder der »Wiener Gruppe« mit Texten vorgestellt werden: H. C. Artmann, F. Achleitner, K. Bayer, G. Rühm neben A. Okopenko, G. Janoska, C. H. Meyer, E. K. Saad und Günter Waldorf. Oswald Wiener beginnt an seinem Roman »die verbesserung von mitteleuropa« zu schreiben; und es hilft ihm sehr, daß Alfred Kolleritsch diesen Roman 1965 bis 1969 in Fortsetzungen in den »manuskripten« kapitelweise abdruckt. Es ist der Roman, den Peter Handke 1969 das Buch nennt, »das von allen Büchern der letzten Jahre vielleicht am meisten in Bewegung setzen wird«.[106] Und er weiß, wovon er spricht, denn er hilft dem Herausgeber stundenlang bei Korrektur und Redaktion dieses Textes.

Hier wird eine Nahtstelle der österreichischen Gegenwartsliteratur sichtbar. Handke signalisiert mit dem Einzelnamen, dem Einzelwerk für ihn bedeutsame schriftstellerische Vorbilder. Ausführlich beschreibt er die wesentliche Spracharbeit der »Wiener Gruppe« in verschiedenen Perioden, wie er es nennt, in der Rundfunkrezension für Radio Graz vom 2. August 1966. Bezogen auf eines der Schlüsselwerke der »Wiener Gruppe«, auf Konrad Bayers »Der Kopf des Vitus Bering«, meint er: »Hier scheint sich, endlich, eine neue Literatur anzubahnen.«

Und dann analysiert Handke die sprachtheoretischen Grundlagen und formalen Errungenschaften jener Autoren der »Wiener Gruppe« als einen »Beitrag zur österreichischen Literaturgeschichte«:

»Der österreichische Schriftsteller Konrad Bayer hat sich 1964, im Alter von 32 Jahren, das Leben genommen. Er gehörte eine Zeitlang zu jener Wiener Dichtergruppe, deren Mitglieder noch H. C. Artmann, Gerhard Rühm, Friedrich Achleitner und Oswald Wiener waren. Diese Gruppe hatte eine kurze dogmatische Periode, in der sie fast streng nach den Lehren der Sprachphilosophie Ludwig Wittgensteins vorging: die Sprache, die Wörter waren für sie das Ding an sich, sie wurden nicht mehr verwendet, um etwas Dahinterliegendes, eine sprachlose Wirklichkeit zu beschreiben, sondern sie genügten sich selber, indem sie nicht auf etwas außerhalb der Wörter Liegendes zeigten, sondern indem sie sich selber zeigten, die Wörter als Wirklichkeit, die Wörter als das Wirkliche an sich: nichts mehr war dahinter. In dieser Periode wurde vor allem zitiert: selbst der gar nicht dogmatische Artmann ging etwa in Gesellschaft seiner Freunde den Jargon von Sprachlehrern durch und baute aus gefundenen Kuriositäten und sprachlichen Widersprüchen neue, konkrete Gedichte; harmlose Zeitungsnotizen wurden in allen Sprachspielarten durchgespielt, sinnlos gewordene Redensarten zeigten so ganz neuen Sinn oder Unsinn, einfach dadurch, daß mit dem Zitat auf sie gezeigt wurde.

Später gingen die Dogmatiker entweder zu einem sprachlichen Manierismus über wie Artmann oder verbohrten sich umso mehr in die Besessenheit von der Fälschungskraft der Sprache wie der sicherlich bedeutendste der Gruppe, der heute 36jährige Oswald Wiener. Gerhard Rühm suchte sein Heil in Versuchen, aus der graphischen Anordnung von Wörtern zu neuen ›Bildern‹ zu kommen, wobei er freilich eine konventionelle Grundhaltung nicht mehr verbergen konnte. Vor Oswald Wiener und dessen Romanversuch ›Die Verbesserung Mitteleuropas‹ war es nur Konrad Bayer gewesen, der darangegangen war, vom bloßen Zitieren, Zeigen und Beschreiben der Sprache, das auf die Dauer, wenn die Technik einmal gefunden war, ja fast automatisch geschehen konnte, zu einem Aufbau und einer Neuordnung der jetzt hinlänglich durchschauten Sprache zu kommen. Er begann, wenn auch formal ironisiert, wieder Geschichten zu erzählen, freilich nicht Geschichten, bei denen sich ein Satz aus der inhaltsgemäßen Logik des vorhergehenden Satzes ergab, linear und eindeutig, sondern Geschichten, in denen die Sätze Sprünge machen, in denen kein Satz die inhaltliche Fortsetzung des vorangegangenen Satzes zu sein braucht und dennoch formal im Erzählrhythmus der Geschichte *wie* ein Fortsetzungssatz dasteht: es entstand ein Widerspruch zwischen ironisiertem Geschichtenrhythmus und aufgehobener Geschichte. Bayer verwendete auch bei diesen längeren Prosatexten, von der unbekümmerten Fiktionswut des traditionellen Geschichtenerzählers abgehend, Sätze aus vorhandenen Geschichten (Heimatromanen, Wildwestromanen), die er in mehreren Schichten ineinander montierte. War mit dieser Montage noch nicht viel erreicht, so glückte es jedoch Konrad Bayer in seinen späteren Arbeiten, die entpersönlichten Texte gleichsam wieder persönlich zu machen, als Arbeiten eben von Konrad Bayer, indem er die vorgegebenen Sätze dazu verwendete, sich selber darin spiegeln zu lassen und so mit den Sätzen anderer eine Geschichte über sich selber zu erzählen. Er hatte wohl erkannt, daß er keine neue Sprache zu erfinden brauchte, um sein Bewußtsein zu beschreiben, sondern daß schon eine fertige Sprache vorhanden war, aus der er sich gewissermaßen sein Bewußtsein aussuchen konnte. Das Bewußtsein bestand aus der Sprache: er brauchte die Sätze nur zu suchen, sie waren schon vorgeformt, eine Erfindung war nicht mehr vonnöten«.

Und jetzt nochmals der »Auftritt« vom April 1966: Jemand, der selbst schreibt; jemand, der, voller Ungeduld auf das Neue, solche Schreibvorbilder und Schreibverfahren im Kopf hat, hört nun tagelang in Princeton, auf der Tagung der »Gruppe 47«, zu deren Mitgliedern er respektvoll aufschaut, Texte, die ihm in Form und Verfahren überholt vorkommen mußten. Und deshalb sprang Peter Handke spontan und enttäuscht auf.

Was sich dann ereignete, ist ein bekanntes Gruppenphänomen ebenso wie ein Medienphänomen. Die Wortführer der »Gruppe 47« gaben dem Zwischenruf des unbekannten Jungautors einmal recht und versuchten so, ihn zu vereinnahmen. Den Medien dagegen gefiel die individuelle Form der Revolution. Beide Phänomene förderten Handkes Aufstieg über Nacht.

Das Porträt des vierundzwanzigjährigen Österreichers, als Bildnis des jungen Dichters, wurde das auffälligste Image der deutschsprachigen Literatur.

In der »Münchener Abendzeitung« vom 22./23. Oktober 1966 antwortete Peter Handke auf einen ›offenen Brief‹ von Günter Grass, der dort in der Ausgabe vom 1./2. Oktober erschienen war. Unter dem Titel »Bitte kein

P. H., Lesung, Tegeler Humboldt-Gymnasium, Berlin, 1967

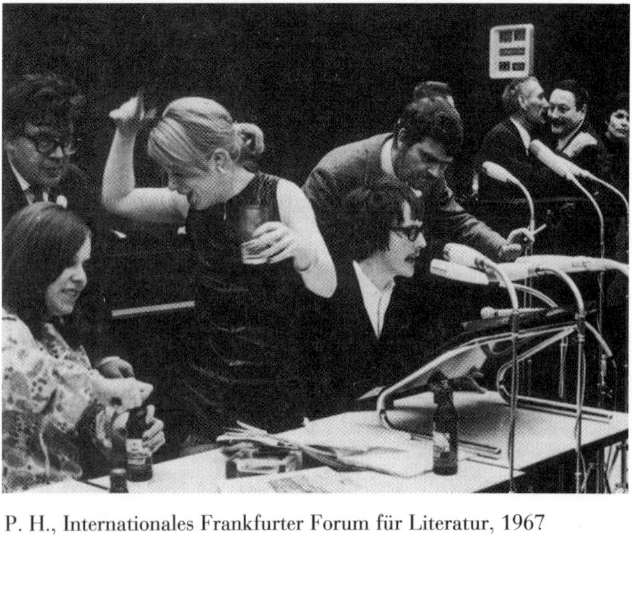

P. H., Internationales Frankfurter Forum für Literatur, 1967

Pathos!« konterte er, teils mit treuherzig gespieltem Unverständnis, teils mit raffinierter Rhetorik, jener boshaften Ironie von Günter Grass, welche die Tatsachen verdreht und darin gipfelt, »Handke um bessere Feinde der ›Gruppe 47‹ zu bitten. Hervorheben muß man, daß der junge Autor mit beharrlichem Ernst inmitten dieses ironischen Stücks Literatur seine Kernaussagen zum »Auftritt« wiederholt: nämlich daß er nicht gegen die »Beschreibung« an sich wetterte, sondern gegen eine bestimmte Form von ihr; daß er nicht aus »Reklamegründen« sich zu Wort gemeldet hatte, sondern in einer spontanen »Augenblickshandlung«; und daß dieser Auftritt »aus Mangel an Differenzierung der Kritiker der Beurteilung seiner Arbeiten nur geschadet« habe. Abschließend ist zu sagen: Hätte Handkes Zwischenruf kritisch nicht den entscheidenden Punkt getroffen, wäre er rasch vergessen worden und hätte nie diese Wirkung erzielt.

Die Ereignisse um Handke kumulierten sich nach Princeton und vergrößerten seinen Bekanntheitsgrad: Der Zwischenruf in Princeton; die Frankfurter Uraufführung der »Publikumsbeschimpfung« am 8. Juni 1966 als Theaterskandal; die folgenden Lesungen und öffentlichen Auftritte; am plakativsten förderte aber das Medieninteresse seinen literarischen Ruhm.

Die Erzählung dieser Lebensphase kann nicht durch Terminkalender und Pressemappe erfolgen; man muß einfach die aufregende Atmosphäre jener Abende vermitteln. Der junge Autor, der in allen Zeitungen, langhaarig, in elegantem Anzug, meist mit Buch oder Beatles-Schallplatte, abgebildet erschien, erweckte Erwartungen. Er war ein Meister der Show; er steigerte sich von Auftritt zu Auftritt. Das Publikum erwartete von jedem Abend noch

Spektakuläreres. Und Handke selbst nährte diese Erwartung; er selbst war voller Einfälle, voller Überraschungen, voller Innovationen:
»Mit einer ganz konventionellen Veranstaltung hatte bestimmt keiner gerechnet«, las man in der »Süddeutschen Zeitung« vom 10. Jänner 1969. »Aber das, was dann wirklich geschah, hatten die wenigsten erwartet. Peter Handke stellte schlicht die Form der Dichterlesung auf den Kopf. Lächelnd, den sanften Blick hinter der Brille auf unendlich eingestellt, gab er bekannt, er werde die ersten Texte nicht selbst lesen, er werde sie mit dem Bildwerfer an die Wand projizieren. Und während Musik aus dem Lautsprecher quoll, bald Beat, bald Spirituals, bald brave Unterhaltungsklänge, schob Handke ins Projektionsgerät: ein Kreuzworträtsel, ein gedrucktes Fernsehprogramm, eine Mannschaftsaufstellung des 1. FC Nürnberg, einen Aufruf zur Protestdemonstration gegen das griechische Militärregime und anderes Gedruckte mehr. Nach einer Viertelstunde brodelte es im Saal. Es gab Gelächter, dann mischte sich Ärger ein, viele fühlten sich gefoppt.«[107] Dann bat Handke um Zettel und Texte aus dem Publikum, er wollte die Zuschauer und Zuhörer zu Aktionen einladen. Viele spielten mit. Nach etwa 40 Minuten »Happening« ging Handke ernst zum Leseteil des Abends über. Er brachte Unbekanntes, wie etwa »Die Besitzverhältnisse«, die »Drei Lesungen des Gesetzes« und »Der trauernd Hinterbliebene auf dem Hügel«. Das Publikum genoß diesen überraschenden und vielseitigen Abend.
Daß Handke als »Figur« die junge Generation »verkörperte«, trug seinen literarischen Erfolg sicher mit. Wo er auftrat, jubelte ihm ein Publikum aus Gleichaltrigen zu. Er war der Typ seiner Generation. Und er besaß für sie die nötige Ausstrahlung, er hatte das Charisma.

P. H. als Comicfigur

Handke galt als junger Künstler, der gegen die alten Autoritäten auftrat. Ein sanfter Einzelner, ein leiser, aber bestimmter Sprecher gegen die lauten Wortführer der Tradition. Kunst als Sprengsatz des Generationenkonflikts, der beginnenden Autoritätskrise, das war er. Auch in seinem Äußeren protestierte er schon gegen Ältere und gegen Eltern. Lange, mädchensanfte Haare, poppiges Hemd, keine Krawatte, dunkle Hornbrille. Langhaarige erregten damals noch öffentliches Ärgernis.

Zu Handkes »Image« gehörte die Begeisterung für die Rockmusik, die Beatles und die Rolling Stones: »Gestern war ich in Köln bei einem Gastspiel der Rolling Stones. So was möchte ich auch können, auch bei vernünftigen Leuten ...«[108]

Die Handke Beifall klatschten, waren also seine Generation. Sie bildeten den Hauptanteil seines Publikums. Einwände der älteren Generation, Einwürfe von Lehrern oder gar Schuldirektoren, widerlegte der Autor, unter dem begeisterten Beifall der Jüngeren, geistesgegenwärtig und frech. Was Peter Handke bei diesen Auftritten gelang, ist höchst beachtlich als literatursoziologisches Phänomen. Er funktionierte nämlich dabei die längst als langweilig empfundene Dichterlesung um. Er schuf, mit oft schockierenden Effekten, eine neue Form. Er kreierte das literarische »Happening«.

Peter Handke agierte bei seinen Auftritten als Einzelperson. Er demonstrierte als junger Einzelner den Aufstand gegen die alten Autoritäten. Darin liegt der Pfeffer seiner Triumphe, das Salz seines literarischen Erfolgs. Die Leute drängten sich in überfüllte Veranstaltungsräume, saßen auf Fensterbänken, lungerten auf dem Boden, quollen als Menschentrauben ums Rednerpult. Dann kam er, stürmisch erwartet von seinen Anhängern. Das ging so

EINUNDZWANZIGSTER JAHRGANG · 1967 · A 2081 E

colloquium

1

EINE DEUTSCHE STUDENTENZEITSCHRIFT

Ihr habt eine gute Atemtechnik bewiesen, ihr Maulhelden,
ihr Hurrapatrioten, ihr jüdischen Großkapitalisten,
ihr Fratzen, ihr Kasperl, ihr Proleten, ihr Milchgesichter,
ihr Heckenschützen, ihr Versager, ihr Katzbuckler,
ihr Leisetreter, ihr Nullen, ihr Dutzendwaren,
ihr Tausendfüßler, ihr Überzähligen,
ihr lebensunwerten Leben, ihr Geschmeiß,
ihr Schießbudenfiguren, ihr indiskutablen Elemente.

Ich habe gespuckt. Ich habe ausgespuckt. Ich habe gezielt gespuckt. Ich habe angespuckt. Ich habe an Orten auf den Boden gespuckt, an denen auf den Boden zu spukken ungehörig war. Ich habe an Orten ausgespuckt, an denen auszuspucken ein Verstoß gegen die Gesundheitsvorschriften war. Ich habe Menschen ins Gesicht gespuckt, die anzuspucken eine persönliche Beleidigung Gottes war. Ich habe Gegenstände angespuckt, die anzuspucken eine persönliche Beleidigung von Menschen war.

Jeder Tag wird ein Tag sein wie jeder andere.

Zuvor aber werden Sie noch beschimpft werden.

P. H., Titelseite »Colloquium«, 1967

jahrelang von Termin zu Termin. Und die Tageszeitungen wirkten an diesem Ruhm erheblich mit, sie sprachen in wortschöpferischen Schlagzeilen von »Handke-Granaten« und »Handkemenge«.

Daß Handke durch diese Einladungen und Auftritte rasch zu Geld kam, leuchtet ein. Anfangs reiste und las er gerne: »Vielen Dank für Deinen Brief. Ich habe ihn nach meiner Rückkehr von der Buchmesse und von Darmstadt (dort habe ich gelesen) bekommen. Ich freue mich doch immer auf die Post, wenn ich nach längerer Zeit von wo zurückkomme, und auch auf Libgart, die immer kindischer und jünger aussieht und sich immer mehr Strümpfe zerreißt. Heute wollen wir noch ins Kino, und ich weiß nicht, wohin. Frankfurt war recht anstrengend, aber doch recht lustig. Libgart konnte leider nicht mit, weil es ihr nicht gut ging. In einer Woche muß ich schon wieder weg, nach Paris, nach Rom, einen Tag nach Wien, und mit der Zeit hängt mir das schon zum Hals heraus. Schön, daß Du Dir einen Ofen gekauft hast. Ich hoffe, inzwischen ist auch schon die Waschmaschine im Haus und kocht die Milch in der Früh. Ich verbrauche im Moment ziemlich viel Geld, aber ich habe in letzter Zeit auf eine schamlos leichte Weise auch viel verdient. In Darmstadt habe ich zwanzig Minuten gelesen und tausend Mark bekommen. Das ist schon schlimm. Aber ein Teppich für das Schlafzimmer wird auch soviel kosten, und auch so eine Art von Sofa, das wir in den nächsten Tagen kriegen und das über 1000 Mark kostet, habe ich noch nicht bezahlt. Der junge Haushalt, wie er in den Büchern steht ...«[110]

Ein Zeitdokument für diese sechziger Jahre besonderer Art sind die DIN-A4-Hefte, in denen Handkes Mutter eigenhändig die Zeitungsartikel über ihren Sohn kunterbunt einklebte. Hier läßt sich in journalistisch aufge-

P. H., Mutter

machten und dokumentierten Artikeln nachblättern, wie der populäre Jungautor einen literarischen Erfolg nach dem andern hatte: Am 22. Oktober 1966 fand in Oberhausen, Regie Günther Büch, die Uraufführung der Sprechstücke »Weissagung« und »Selbstbezichtigung« statt. Im Herbst 1967 erschien Handkes zweiter Roman »Der Hausierer«. Am 12. September 1967 wurde, in Anwesenheit des Autors, sein Sprechstück »Hilferufe« als Gastspiel der Städtischen Bühnen Oberhausen in Stockholm uraufgeführt. Im Herbst 1967 veröffentlichte der Residenz Verlag unter dem Titel »Begrüßung des Aufsichtsrats« Handkes frühe Kurzprosa. Und am 11. Mai 1968 wurde in einer parallelen Inszenierung in Frankfurt, Regie Claus Peymann, und in Oberhausen, Regie Günther Büch, sein Stück »Kaspar« uraufgeführt, und im Herbst 1969 erschien seine Erzählung »Die Angst des Tormanns beim Elfmeter«.

Im Herbst 1971 bei einer Lesung des »Steirischen Herbstes« kam es zu einem Eklat. Handke wurde von der Polizei abgeführt. Er wollte in den überfüllten und von der Polizei gesperrten und abgeriegelten Veranstaltungssaal gehen. Als ihn der Polizist fragte, was er wolle, antwortete er: lesen. Darauf dieser: »Wenn du lesen willst, dann geh ins Kaffeehaus!« Der darauf entstandene Tumult führte zu einer Gerichtsverhandlung wegen Amtsehrenbeleidigung. Es kam zur Verhandlung; der Gerichtsakt liegt vor.

Um das Jahr 1972 orteten die Literarhistoriker eine »Tendenzwende«, an der neben Botho Strauß besonders Peter Handke mit zwei Büchern mitwirkte, seinem Roman »Der kurze Brief zum langen Abschied« und seiner Erzählung »Wunschloses Unglück«. In eben diesem Jahr 1972 wurde somit aus dem umjubelten »Beat-Autor« ein anerkannter und berühmter Schriftsteller von dreißig Jahren.

Inzwischen aber war vieles geschehen, was sein persönliches Leben von Grund auf verändert hatte. Inzwischen hatte er am 28. November 1967 auf dem Standesamt in Düsseldorf-Rath Libgart Schwarz geheiratet. Inzwischen hatte am 20. Oktober 1971 in Altenmarkt, Griffen, seine Mutter den Freitod gewählt. Inzwischen war seine Frau wieder in ihren Beruf als Schauspielerin zurückgekehrt. Und damals hatte Peter Handke beschlossen, seine Tochter Amina allein aufzuziehen und daneben zu schreiben ...

Aber das steht alles in einem anderen Buch.

»Der Schriftsteller soll in treusorgender Ironie betrachtet werden«
(Peter Handke im Gespräch mit Renate Poßarnig)

»Was andere über mich sagen, dulde ich, ohne daß es mich betrifft«
(»Das Gewicht der Welt«)

ANMERKUNGEN

1 Patzelt-Menne, Anna: Das Wirken einer Landhebamme im Wandel der Zeit. Verlag Mohorjeva/Hermagoras 1986, S. 130.
2 Löffler, Sigrid – Stackl, Gerhard: Die Leiden des jungen Peter Handke. In: Profil, Nr. 9a, 27. 4. 1973, S. 46–56 (= Löffler, Profil); hier S. 50.
3 Peter Handke: Wunschloses Unglück. Erzählung. Residenz Verlag. Salzburg 1972, S. 29 (= WU).
4 WU S. 30.
5 Vgl. Widrich, Hans: »Die Hornissen« – auch ein Mosaik aus Unterkärnten. In: Peter Handke. Hrg. von Raimund Fellinger. Suhrkamp Verlag. Frankfurt/M. 1985, S. 25–35; hier S. 27.
6 Die Zeit, Nr. 27, 29. 6. 1984.
7 Kleine Zeitung, Klagenfurt, 18. 12. 1983.
8 Brief vom 3. 12. 1961.
9 WU S. 32.
10 WU S. 46.
11 »Das sind die Sachen, die mich zum Schreiben bringen.« Peter Handke im Gespräch mit Ulrich Kurtz über Doppelgänger, Verstorbene, Schwellen. In: Das Goetheanum, 67. Jg., Nr. 4, 24. Januar 1988, S. 21–25; hier S. 22.
12 Peter Handke: Die Innenwelt der Außenwelt der Innenwelt. Suhrkamp Verlag. Frankfurt/M. 1969, S. 8 und 9.
13 Peter Handke: Die Wiederholung. Suhrkamp Verlag. Frankfurt/M. 1986, S. 71.
14 Hohler, Franz: »Ist Ihnen oft langweilig?« Fragen an Peter Handke. In: F. H.: Fragen an andere. Zytglogge Verlag. Bern 1973, S. 19–38 (= Zytglogge Text 10); hier S. 21 (= Hohler).
15 Löffler, Profil, S. 49.
16 WU S. 57.
17 Peter Handke: Der kurze Brief zum langen Abschied. Suhrkamp Verlag. Frankfurt/M. 1972, S. 9.
18 Peter Handke: Die Hornissen. Roman. Suhrkamp Verlag. Frankfurt/M. 1966, S. 121.
19 Die Zeit, Nr. 27, 29. 6. 1984.
20 Anm. 5, S. 26.
21 Hohler, S. 33.
22 Merkblatt zur Aufnahme in das bischöfliche Seminar »Marianum«, Tanzenberg.
23 Peter Handke: Ich bin ein Bewohner des Elfenbeinturms. Suhrkamp Verlag. Frankfurt/M. 1972, S. 11 und 13 (= EBT).
24 Löffler, Profil, S. 50.

25 Kärntner Volkszeitung, 14. 11. 1959.
26 Löffler, Profil S. 52.
27 Heinz Ludwig Arnold: Gespräch mit Peter Handke. In: Text und Kritik. Heft 24/24a. 3. Auflage. September 1976, S. 15–37; hier S. 15 (= Arnold).
28 EBT S. 19.
29 Löffler, Profil, S. 52.
30 Vgl. Löffler, Profil, S. 53.
31 Trunk, Melitta: Das Glück, ein Sohn zu sein. In: Kleine Zeitung, 16. 10. 1987 (= Trunk).
32 Ebenda.
33 Löffler, Profil, S. 49.
34 Gespräch vom 16. 5. 1986.
35 WU S. 27.
36 Anm. 13, S. 9.
37 Arnold, S. 16 f.
38 Brief vom 20. 10. 1961.
39 Holzinger, Alfred: Peter Handkes literarische Anfänge in Graz. In: Peter Handke. Hrg. von Raimund Fellinger. Suhrkamp Verlag. Frankfurt/M. 1985, S. 11–24; hier S. 11 (= Holzinger).
40 Brief Maria Handkes an Peter Handke vom 29. 11. 1961.
41 Brief vom 8. 2. 1964.
42 Brief vom 8. 2. 1964.
43 Brief vom 4. 3. 1962.
44 Brief vom 12. 6. 1963.
45 Brief vom 14. 6. 1963.
46 WU S. 57.
47 Trunk
48 Brief vom 20. 10. 1961.
49 Brief vom 2. 11. 1961.
50 Brief vom 5. 8. 1965.
51 Brief vom 2. 5. 1967.
52 Brief vom 8. 2. 1967.
53 Brief vom 21. 12. 1966.
54 Brief undatiert (14. 1. 1967).
55 Brief vom 4. 3. 1962.
56 Brief vom 25. 1. 1963.
57 EBT S. 22 f.
58 Brief vom 20. 10. 1961.
59 Peter Handke: Versuch über die Müdigkeit. Suhrkamp Verlag. Frankfurt/M. 1989, S. 10.
60 Brief vom 10. 5. 1962.
61 Brief vom 21. 3. 1962.

62 Brief vom 29. 4. 1962.
63 Brief vom 13. 1. 1963.
64 Brief vom 17. 5. 1963.
65 Brief vom 3. 6. 1963.
66 Brief vom 28. 4. 1963.
67 Brief vom 29. 4. 1962.
68 Holzinger S. 17.
69 Brief vom 28. 4. 1963.
70 Brief vom 18. 4. 1964.
71 Peter Handke: Versuch über die Jukebox. Erzählung. Suhrkamp Verlag. Frankfurt/M. 1990, S. 86–90.
72 Brief undatiert (14. 1. 1967).
73 Brief vom 22. 11. 1966.
74 Brief vom 24. 10. 1966.
75 Hohler S. 32.
76 Peter Handke: Das Ende des Flanierens. Suhrkamp Verlag. Frankfurt/M. 1980, S. 8 f.
77 Ebenda, S. 13.
78 Brief vom 20. 10. 1961.
79 Brief vom 17. 12. 1962.
80 Brief vom 21. 3. 1962.
81 Löffler, Profil, S. 54.
82 Holzinger S. 11.
83 EBT S. 7.
84 Unseld, Siegfried (Hrg.): Erste Lese-Erlebnisse. Suhrkamp Verlag. Frankfurt/M. 1975, S. 122 (= ST 250).
85 Durzak, Manfred: Peter Handke und die deutsche Gegenwartsliteratur. Kohlhammer. Stuttgart 1982, S. 51.
86 Hoghe, Raimund: »Unsereiner hat keine Gemeinde«. Ein Besuch bei Peter Handke auf dem Mönchsberg in Salzburg. In: Die Zeit, Nr. 44, 29. 10. 1982, S. 70.
87 EBT S. 20.
88 Arnold S. 16.
89 Ebenda S. 15.
90 Brief Maria Handkes an Peter Handke vom 22. 10. 1961.
91 WU S. 63.
92 Brief vom 7. 10. 1963.
93 Brief vom 31. 1. 1965.
94 Ebenda.
95 Löffler, Profil, S. 53.
96 Baloch, Harald: Untersuchungen zu Religion und Ritus in Werken Peter Handkes bis 1983. Theol. Diss. Universität Graz. 1988, S. 425, Anm. 36.

97 Obry, Olga: »Mit mir selbst bin ich jetzt fertig«. »Presse«-Gespräch mit dem Autor Peter Handke, derzeit Paris. In: Die Presse, Nr. 8115, 19./20. 4. 1975, S. 7.
98 Brief vom 15. 2. 1966.
99 Brief vom 21. 7. 1966.
100 Brief vom 15. 2. 1966.
101 Brief vom 8. 3. 1966.
102 Brief vom 8. 3. 1966.
103 Brief vom 21. 12. 1966.
104 »Im Wortlaut«: Peter Handkes ›Auftritt‹ in Princeton und Hans Mayers Entgegnung. In: Text und Kritik. Nr. 24. Fünfte Auflage. Neufassung. November 1989, S. 17–20.
105 Kolleritsch, Alfred: Marginalie. In: manuskripte 83 (1984).
106 EBT S. 202.
107 Süddeutsche Zeitung vom 10. 1. 1969. Zitiert nach: Christel Terhorst: Peter Handke: Die Entstehung literarischen Ruhms. Peter Lang: Frankfurt/M. u. a. 1990, S. 32.
108 Brief vom 31. 3. 1967.
109 Brief vom 20. 10. (1966?).

Illustrationen: Breicha, Dischner, Gleisweiler, Grabner, Gumnior, Haslinger, Köster, Meysenbug, Schubert.

PETER HANDKE
im Residenz Verlag

WUNSCHLOSES UNGLÜCK
Erzählung. 100 Seiten

DAS GEWICHT DER WELT
Ein Journal. 328 Seiten

DIE GESCHICHTE DES BLEISTIFTS
252 Seiten

NACHMITTAG EINES SCHRIFTSTELLERS
Erzählung. 96 Seiten

NOCH EINMAL FÜR THUKYDIDES
40 Seiten